Michael Fleischhacker · Die Zeitung · Ein Nachruf

Michael Fleischhacker

Die Zeitung.

Ein Nachruf

 Brandstätter

Inhalt

ZUM LETZTEN GELEIT [7]

ERINNERUNGEN AN DIE ZUKUNFT [37]

DAS EWIGE LEBEN [119]

Marshall McLuhan (1911-1980), der Pionier der Medientheorie, beschrieb in den frühen 60er Jahren die „Gutenberg-Galaxis" und ihr Ende. Die intellektuellen Spuren, die er hinterlassen hat, reichen bis in die unmittelbare Gegenwart.

ZUM LETZTEN GELEIT

In meinem Besitz befindet sich das Faksimile eines Einblattdruckes aus dem Jahr 1502. Es wurde vom Deutschen Museum für Buch und Schrift 1920 in einer Auflage von 300 Exemplaren veröffentlicht. Meines trägt die Nummer 65. Ich habe es in einem Wiener Antiquariat gefunden, ohne es gesucht zu haben. Wie in jeder guten Buchhandlung auch, funktioniert das nach dem analogen Amazon-System: „Warten Sie, ich habe da noch etwas, das Sie interessieren könnte", sagen die algorithmisch naturbegabten Buchhändler und Antiquare. In das Antiquariat allerdings hatte mich das digitale Amazon-Prinzip gebracht: Auf der Suche nach ein paar älteren Büchern über Zeitungsgeschichte hatte ich auf amazon.de erfahren, dass in dem besagten Antiquariat gut erhaltene Exemplare zu kriegen seien. Warum sollte ich es von Wien nach Deutschland und dann zurück nach Wien transportieren lassen?

Bei der Abholung der bestellten Bücher also bot mir der Antiquar auch den erwähnten Faksimile-Druck an. Natürlich habe ich ihn gekauft: Es handelt sich um jenes im Besitz der Bayerischen Staatsbibliothek befindliche Blatt, auf dem vor einem halben Jahrtausend das Wort „zeytung" erstmals in gedruckter Form zu lesen war. „Newe zeytung von orient und auff gange" heißt es in einer Zwischenüberschrift auf der zweiten Seite. Ich bin also ziemlich authentisch darüber informiert, dass die Insel Lesbos, die 1462 durch Sultan Muhammed II. in türkischen Besitz gekommen, 1500 teilweise rückerobert, im Jahr darauf aber erneut an die Türken gegangen war, nun, gegen Ende 1501, von Venezianern und Franzosen wiedererobert worden ist. Ich bewahre es auf wie andere vielleicht die Taschenuhr ihres Urgroßvaters. Für

„Newe zeytung von orient und auff gange." Auf dem Einblattdruck aus dem Jahr 1502 findet sich, in einer Zwischenüberschrift auf der Rückseite, zum ersten Mal das Wort „zeytung" in gedruckter Form.

mich ist es eine Art Selbstvergewisserungsübung in einer über die Jahre gewachsenen Überzeugung: Dass die Zukunft, die gerade in der Gegenwart Gestalt annimmt und zu deren Mitgestaltung es für uns keine Alternative gibt, sehr viel mit Herkunft zu tun hat.

Wir alle sitzen, ob beruflich, politisch oder familiär, auf den Schultern anderer. Ob wir ihnen zur Last werden oder sie aus unserer exponierteren Position mit Informationen versorgen können; ob wir die nächsten nach uns noch tragen können oder nicht; ob diese Herkunft ein reiches Erbe oder eine schwere Hypothek ist - zwei Dinge sind gewiss: Erstens, dass wir uns in irgendeiner Weise zu dieser Herkunft verhalten müssen; zweitens, dass wir selbst dann, wenn wir es mit vermeintlich oder tatsächlich disruptiven Veränderungen zu tun haben, nicht dem Irrtum verfallen sollten, dass das Neue mit dem Alten nichts mehr gemein hat. Denn hinter den Klippen revolutionärer Neuerungen kauert nicht selten das Unvordenkliche.

Wir befinden uns mit dem Faksimile der „Newen zeytung von orient und auff gange" am Beginn dessen, was Marshall McLuhan die „Gutenberg-Galaxis" nannte. Knapp ein halbes Jahrtausend, nachdem jene Ära begann, in der mit dem Buch auch die Zeitung Schritt für Schritt - aber bei weitem nicht überall gleichzeitig - zum dominierenden Instrument der gesellschaftlichen Selbstverständigung wurde, fragen sich immer mehr Menschen, ob und wie es denn mit der Zeitung weitergehen werde. Die einen, weil sie wie ich in und mit Zeitungen ihre Berufsbiografien geschrieben haben und sich fragen, ob es irgendwie weitergeht oder eine Umschulung auf „spin doctor" oder Regierungssprecher angezeigt wäre. Die anderen - und es wird nicht wenige geben, denen beide Anliegen wichtig sind -, weil sie sich um die demokratische Balance sorgen und also fragen, wer denn die Rolle der Zeitungen als vierte, kontrollierende Gewalt im Staat übernehmen könne, falls es eine solche Rolle in legitimer Weise geben sollte.

Marshall McLuhan und die Folgen

Die Kultur- und Medientheorie beschäftigt sich seit gut einem halben Jahrhundert mit dem Ende der dominierenden Stellung des geschriebenen Wortes im Gewebe von Kultur und Wissen. Am stärksten wurde diese Debatte von dem kanadischen Literaturwissenschaftler Marshall McLuhan[1] geprägt. Der Urheber von so wirkungsvollen Wortprägungen wie „The medium is the message"[2] und „global village", veröffentlichte 1962 sein Buch *The Gutenberg-Galaxy: The Making of Typographic Man.* Darin beschreibt er eine Art Medienevolution, die von der oralen Kultur über die Literalität mit der Erfindung der Druckerpresse und dem Einsatz von beweglichen Metalllettern durch den Mainzer Johannes Gensfleisch in das Gutenberg-Zeitalter mündet. Gutenbergs Erfindungen gelten als wesentliche Voraussetzungen für das Renaissancezeitalter, sein Hauptwerk, die zwischen 1452 und 1454 entstandene Gutenberg-Bibel, setzte neue ästhetische und technische Maßstäbe. Das nach ihm benannte Zeitalter währte fast ein halbes Jahrtausend - kein Wunder also, dass *Time-Life* den Buchdruck zur wichtigsten Erfindung des zweiten Jahrtausends erklärte.

Das Ende des Gutenberg-Zeitalters und damit der Beginn des vierten medienevolutionären Abschnittes - des „elektronischen Zeitalters" - zeichnet sich nach McLuhans Ansicht mit der Erfindung der drahtlosen Telegrafie durch Guglielmo Marconi Ende des 19. Jahrhunderts ab (andere, wie der Fluxus-Philosoph Vilém Flusser, setzen eher bei der Erfindung der Fotografie an, also bereits in der ersten Hälfte des 19. Jahrhunderts). Spätestens die elektronischen Medien, allen voran das Fernsehen, und die fortschreitende Vernetzung der Gesellschaften zu einem einzigen globalen Stamm (*War and Peace in the Global Village* erschien 1968) besiegelten das Ende des Buchzeitalters.

Was McLuhan und die anderen Vordenker der Medientheorie interessierte, waren nicht die vornehmlich ökonomischen Themen, die heute im Mittelpunkt der Mediendebatte stehen. Man war daran interessiert, was die neuen Technologien am Beginn der Renaissance und jene an der Wiege der Moderne mit den Menschen und ihrem Verhalten gemacht haben und nach wie vor machen. McLuhan, der marienfromme katholische Exzentriker, der seine Kinder bis in deren Erwachsenenalter zwang, vor dem gemeinsamen Essen einen Rosenkranz zu beten, erwarb sich den Ruf des ersten und größten „Medien-Gurus". Aber er verstand sich nie als Wegbereiter und Einpeitscher des Neuen, Tollen, Nicht-da-Gewesenen, sondern als Archäologe des menschlichen Kommunikationsverhaltens. Die einschlägigen Visionäre unserer Tage verkaufen in der Regel ein oder ihr Produkt, so wie die Google-Größen Eric Schmidt und Jared Cohen in ihrem Buch *Die Vernetzung der Welt - Ein Blick in unsere Zukunft*.

McLuhan hatte durchaus Reserven nicht nur gegenüber den Entwicklungen, die er am Ende der Gutenberg-Galaxis („Galaxis" bedeutet in seinem Verständnis in erster Linie ein technologisch grundiertes „Environment") beobachtete, sondern auch an deren Beginn. So bemerkte er, dass die visuelle Homogenisierung der Wahrnehmung, die mit dem Druckverfahren einherging, die Vielfalt der Sinnesempfindungen in den Hintergrund drängte. Sein gelegentlich gewagt, teils mutwillig wirkender Assoziationsstil führte ihn auch zu der Behauptung, die Durchsetzung des Buchdrucks habe die Entstehung des Nationalismus, des Dualismus, das Dominieren des Rationalismus, die Automatisierung der wissenschaftlichen Forschung sowie die Vereinheitlichung und Standardisierung der Kulturen und die Entfremdung der Individuen nach sich gezogen.

Marshall McLuhan starb 1980, lange bevor das Internet Mitte der 90er Jahre seinen Siegeszug antrat, nachdem es sich von der technologischen Infrastruktur für die sichere und schnelle Kommunikation von Wissenschaftlern und Militärs zum Massenmedium gewandelt hatte. Die interessantesten Ansätze zur Erklärung der Auswirkung der digitalen Technologien auf die zeitgenössischen Kulturtechniken kommen dieser Tage in der Tradition von McLuhans Arbeit vom Institute for Literature, Media and Cultural Studies der Universität von Süddänemark, das unter dem Titel „Gutenberg Parenthesis" ein Forschungsprojekt zum Thema „Druck, Buch und Erkenntnis" betreibt. Sie werden in unserem dritten Kapitel (*Das ewige Leben*) zur Sprache kommen.

Am Ende der Gutenberg-Galaxis

Bei der Analyse des Übergangs der Deutungsmacht von den Printmedien hin zu den digitalen Medien kommt im deutschsprachigen Raum Norbert Bolz eine besonders wichtige Rolle zu. Er veröffentlichte 1993 das Buch *Am Ende der Gutenberg-Galaxis*, in dem er so etwas wie eine Übergangsphase zwischen der Welt Gutenbergs und dem beschreibt, was danach kommen würde. Dieses Danach sei noch nicht genau abzusehen, meinte Bolz, wohl aber das neue Paradigma: die Vorherrschaft des Computers. „Das Buch wird als Leitmedium der Gegenwart vom Computer abgelöst", schreibt

Bolz. „Damit ist keineswegs gemeint, dass künftig keine Bücher mehr existieren werden oder gar, dass Schreiben und Lesen ihre Bedeutung verlieren." Dass Lesen und Schreiben als Kulturtechniken nicht obsolet würden, sehe man schon daran, dass, wie Bolz damals vorsichtig formulierte, „die heute bekannten Formen der Computerarbeit noch immer mit Lesen und Schreiben verknüpft sind". Daran würde auch die Tatsache nichts ändern, dass im Zuge der medialen Evolution Bilder an die Stelle von alphabetischen Notationen träten.

Bolz beschreibt die vier elementaren Funktionen von Medien: Speichern, Übertragen, Rechnen und Kommunizieren. Die beiden ersten Funktionen gehören zum Kernbestand der menschlichen Kultur: Seit Menschen existieren, gibt es Medien, und deren erster und lange einziger Zweck war das Speichern. Sprachfindung ist Speicherfindung, worum es ging, war das Identifizieren von Notationen für Dinge, die in Realien gespeichert waren, also im Wesentlichen landwirtschaftliche Produkte.[3] Im nächsten Schritt kam die Übertragungsfunktion dazu, deren begriffliche Blüte das „Broadcasting" symbolisiert: über große Entfernungen für ein Massenpublikum.

An der Stelle, an der das Rechnen ins Spiel kommt, findet der eigentliche Bruch in der Mediengeschichte statt. Das Buch konnte sowohl speichern als auch übertragen, aber rechnen konnte es nicht. Mit dieser Zäsur wurden auch die beiden Leistungen der alten Medienwelt, das Speichern und das Übertragen, als Rechenleistungen verstanden. Die jüngste Medienleistung, die ebenfalls im Computer angelegt ist, geht über das Rechnen hinaus. Das Leitmedium der Gegenwart ist der Computer nicht wegen seiner Rechenfähigkeit, sondern „weil er technische Kommunikationsfähigkeiten des Menschen implementiert", meint Bolz.

Noch mehr als die Auswirkungen dieses evolutionären Prozesses auf den Wirklichkeits- und Wahrheitsbegriff (er stellt auf die Sphäre Buch-Wissenschaft ab) interessieren im Zusammenhang mit der Geschichte der Zeitung als Teil der Gutenberg-Welt die politischen Auswirkungen, die Bolz in *Am Ende der Gutenberg-Galaxis* beschreibt. Nach seiner Einschätzung löst sich mit der neuen Medienwelt auch die Vorstellung einer aufgeklärten literarischen Öffentlichkeit auf: „Für mich ist die bürgerliche Öffentlichkeit keine Option mehr", schreibt er in einem Text, in dem er seine Argumentation nach Veröffentlichung des Buches noch einmal zusammenfasst.[4] Stattdessen würde das „Global Village" Wirklichkeit, von dem Marshall McLuhan schon in den 50er Jahren erstmals gesprochen hatte. „Das elektronische Weltdorf", so Bolz, „ist mittlerweile nicht mehr Science-Fiction oder die Vision eines Professors, sondern Glasfaserkabelwirklichkeit." Was noch seiner Verwirklichung harrt, ist das, was nach der bürgerlichen Öffentlichkeit kommen soll, wenn die keine Option mehr ist. Wie Politik aussehen könnte, „wenn die klassische Form des Räsonnements - die Öffentlichkeit - sich nicht mehr konstituieren kann", war die Frage, die Norbert Bolz vor 20 Jahren für die interessanteste hielt. Sie ist es noch heute, und sie ist noch immer nicht beantwortet.

Um das ideengeschichtliche Panorama, in dem sich die ökonomischen Debatten über die Zukunft des Zeitungswesens abspielen, fertig auszumalen, braucht es noch drei begriffliche Stationen auf dem Weg von McLuhan in die Gegenwart. Manuel Castells, der Stadt- und Mediensoziologe, veröffentlichte zwischen 1996 und 1998 seine Trilogie *The Information Age: Economy, Society and Culture*. Castells schließt an McLuhans Denken an und nennt folgerichtig die fernsehdominierte Übergangsphase vom Buch- zum Internetzeitalter die „McLuhan-Galaxis".

Die Phase, in der wir uns derzeit befinden - das Computer- und Internetzeitalter -, bekam ihren sprechendsten Namen von Wolfgang Coy verpasst: Der an der Berliner Humboldt-Universität lehrende Informatiker nannte 1993 seinen Vortrag auf der „Interface II" in Hamburg: *Die Turing-Galaxis. Computer als Medien.* Alan Turing hatte 1936 eine universelle Maschine erdacht, um einer

Lösung des grundsätzlichen Problems der Berechenbarkeit näherzukommen. Der dazugehörige Aufsatz ist inzwischen ein Kultobjekt und heißt *On Computable Numbers, with an application to the Entscheidungsproblem.* Die heute sogenannte „Turing-Maschine" war dazu gebaut, mit drei Grundoperationen jedes mathematische Problem zu lösen, sofern es überhaupt mit einem Algorithmus zu lösen war.

Begriffsgeschichtlich fehlt zur Beschreibung unseres „Internetzeitalters", das von „sozialen Netzwerken" dominiert und von Algorithmen gesteuert wird, nur noch das Netz. Der kam von Gilles Deleuze und Félix Guattari. Sie hatten in ihrem schon 1977 erschienenen Buch *Rhizom* Netzwerkstrukturen als Paradigma für die neuen Formen der Wissensorganisation identifiziert.

Man sieht, dass die Medientheorie in dem halben Jahrhundert, das hinter uns liegt, eine beeindruckende Dichte entwickelt hat. Eine große Zahl unterschiedlicher theoretischer Ansätze wurde aufgeboten, um erklären zu helfen, wie, wann und unter welchen Begleitumständen jenes Zeitalter zu Ende ging und geht, das zuvor, so jedenfalls die Theorie, für ein halbes Jahrtausend auf ziemlich konstante Weise unsere Art zu denken und zu kommunizieren geprägt hatte: das Buchzeitalter, das Zeitalter des gedruckten Wortes.

Schmerzhafte Erkenntnisse

So fein in der Theorie die gegenwärtigen Entwicklungen ausziseliert werden, so grob lässt man die Vergangenheit als eher robusten Block in der Theoriegegend herumstehen. Das muss einen stutzig machen: Es ist doch eigentlich nicht sehr wahrscheinlich, dass die durch die Erfindung des Buchdrucks angestoßene Entwicklung bis zu ihrem Ende ein halbes Jahrtausend später ohne innere Epochenbrüche vonstatten ging. Doch auch die aktuelle

Debatte darüber, ob und wie und wie lange die Zeitung überleben kann, ist von ähnlichen Grundannahmen geprägt.

Vielleicht hat es mit diesem eher holzschnittartigen Blick auf die Vergangenheit zu tun, dass die Medienindustrie auch in der Gegenwart massive Einschätzungsprobleme hat. Die ökonomischen Effekte der digitalen Medien auf die etablierten Strukturen sowohl der Print- als auch der Fernsehbranche wurden zunächst schwer unterschätzt. Diese ignorante Haltung wurde durch das Platzen der „Dotcom-Blase" rund um die Jahrtausendwende begünstigt: Man begnügte sich mit Häme über die Nerds, die ihre „Träume", hinter denen keine validen Geschäftsmodelle stünden, teuer an irgendwelche reichen Idioten verkauft hätten, die sich die Zukunft kaufen wollten und nun auf ihren Verlusten sitzen blieben.

Aber nachdem Amazon den Buchhandel und diverse Tauschbörsen wie Napster die Plattenindustrie an den Rand des Zusammenbruchs gebracht hatten, spürten auch die Zeitungen den Druck. Im August 2006 sorgte das britische Wirtschaftsmagazin *The Economist* für Aufregung: Unter dem Titel *Who Killed The Newspaper?* wurde ein Dossier über die Zukunft der Branche veröffentlicht, in dem die Autoren die These vertraten, dass es das Internet war, das die Zeitung umbringen würde. Vor allem deshalb, weil es der Grundaufgabe eines Mediums, „Käufer und Verkäufer zusammenzubringen", besser nachkomme als die Zeitung und so „den Werbern beweisen kann, dass ihr Geld gut eingesetzt ist". Man berief sich unter anderen

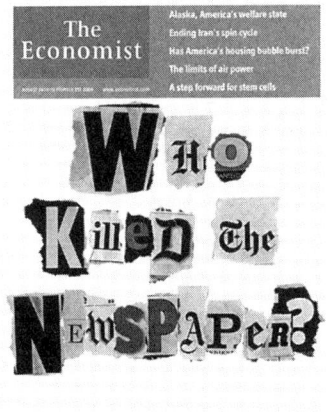

Das renommierteste Magazin veröffentlichte 2006 die Todesnachricht. Verfrüht?

auf Philip Meyer, der 2004 in seinem Buch *The Vanishing Newspaper* errechnet hatte, dass im Jahr 2043 die letzte gedruckte Tageszeitung in den Vereinigten Staaten erscheinen würde.

Seit der *Economist* die Todesnachricht veröffentlichte, sind sieben Jahre vergangen - die Zeitung aber lebt immer noch. Im deutschsprachigen Raum war mit der *Financial Times Deutschland* nur ein prominentes Opfer zu beklagen, die *Frankfurter Rundschau* wurde von der *Frankfurter Allgemeinen Zeitung* übernommen. Auch die Website newspaperdeathwatch.com verzeichnet seit ihrer Gründung im Mai 2007 in der Rubrik „R. I. P." („Rest In Peace") nur zwölf Tote. Ebenso viele Titel werden unter „W. I. P." („Work In Progress") gelistet: Zeitungen, die entweder ihre Erscheinungsfrequenz reduziert, in ein „hybrides" Print-Online-Geschäftsmodell gegangen oder auf „online-only" umgestellt haben. Letzteres hat im Herbst 2013 auch *Lloyd's List* angekündigt, jenes aus den Schiffslisten am schwarzen Brett von George Lloyds Londoner Café entstandene Marineblatt, das seit 1734 täglich erschien und sich als die älteste Tageszeitung der Welt bezeichnete.

Angesichts der geringen Zahl an Todesopfern ist es kein Wunder, dass man in der zitatenhungrigen Branche, wenn es um die eigenen Zukunftsaussichten geht, gerne Mark Twain bemüht: „Die Nachricht von meinem Tod ist stark übertrieben." Vor dem Hintergrund der aktuellen Zahlen, vor allem aber der längerfristigen Trends, hört sich das eher an wie das laute Rufen ängstlicher Kinder im Wald. Ja, es ist wahr, dass im vergangenen Jahrzehnt nicht viele Zeitungen bankrott gegangen sind und den Betrieb einstellen mussten. Aber es ist auch wahr, dass Medienhäuser mit ihren gedruckten Tageszeitungen schon lange keinen Gewinn mehr machen. Und es zeigt sich, dass die gesammelten Auflagenverluste der Tageszeitungen im vergangenen Jahrzehnt das Äquivalent zur Einstellung mehrerer auflagenstarker Produkte bilden. Also: Ja, es sind noch (fast) alle Zeitungen da; aber (fast) keine kann mehr aus sich heraus leben - der Tageszeitungsmarkt wird von Untoten bevölkert.

Deutschland: Auflage der Tageszeitungen
(in Mio., Quelle: MW)

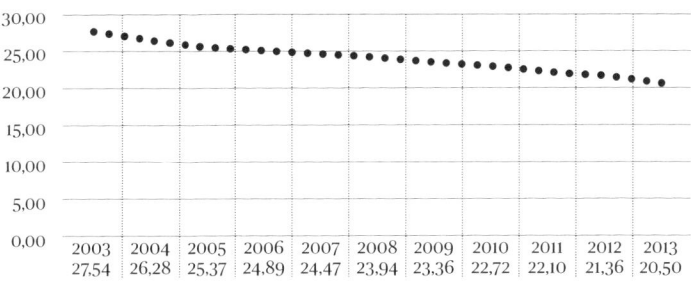

	2003	2004	2005	2006	2007	2008	2009	2010	2011	2012	2013
	27,54	26,28	25,37	24,89	24,47	23,94	23,36	22,72	22,10	21,36	20,50

• • • • • • Tageszeitungen

Man kann dazu eine einfache Rechnung aufmachen: Die absolute Zahl der in Deutschland gedruckten Tageszeitungen nahm im vergangenen Jahrzehnt um 25 Prozent ab. Das kann zweierlei bedeuten: Entweder verlieren die Zeitungen ein Viertel ihrer Reichweite oder jede vierte Zeitung stellt den Betrieb ein. Nachdem sie, wie sie stolz behaupten, bis auf die *Financial Times Deutschland* alle noch da sind, bedeutet das einen durchschnittlichen Auflagenverlust von 25 Prozent.

Deutschland: Anteil der Zeitungen am Gesamtwerbeaufwand
(Quelle: Nielsen)

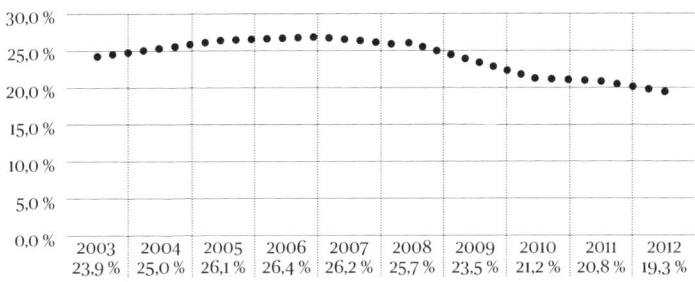

	2003	2004	2005	2006	2007	2008	2009	2010	2011	2012
	23,9 %	25,0 %	26,1 %	26,4 %	26,2 %	25,7 %	23,5 %	21,2 %	20,8 %	19,3 %

• • • • • • Anteil Zeitung

Früher hätte das einem Zeitungsgeschäftsführer vermutlich keine großen Kopfschmerzen bereitet. In den Boomzeiten des Printmarktes kamen 70 Prozent der Erlöse aus dem Anzeigenmarkt und nur 30 Prozent aus dem Vertrieb des Produktes. 25 Prozent Rückgang bei der gedruckten Auflage hätte man ohne große Probleme als Straffung der Vertriebsstruktur verkaufen können. Mittlerweile, nicht zuletzt im Gefolge der Krise, sind die Anzeigenerlöse das Hauptproblem im Geschäftsmodell Tageszeitung. Die Anzeigenumsätze wandern konsequent aus den Tageszeitungen ins Netz. Begonnen hat es mit der Abwanderung der sogenannten „Rubrikenmärkte" („classifieds"), inzwischen sind auch die Flächenanzeigen gefolgt. Dass Meldungen wie jene, dass die *New York Times* 2012 erstmals mehr Vertriebs- als Anzeigenerlöse verzeichneten, als positive Nachrichten präsentiert werden, ist ein Zeugnis weitgehender Ahnungslosigkeit: Es bedeutet nur, dass die Anzeigenumsätze weiter erodieren. Und es gibt zurzeit keine Anzeichen dafür, dass sie durch neue Vertriebserlöse im Netz (etwa das „metered model" der *NYT*) auch nur annähernd substituiert werden können. Im Herbst 2013 meldete die *NYT*, dass sie die Zahl ihrer Online-Abonnenten um 28 Prozent steigern konnte. Der Gesamtumsatz des Unternehmens stieg um zwei (!) Prozent.

USA: Entwicklung der Anzeigenerlöse von Tageszeitungen

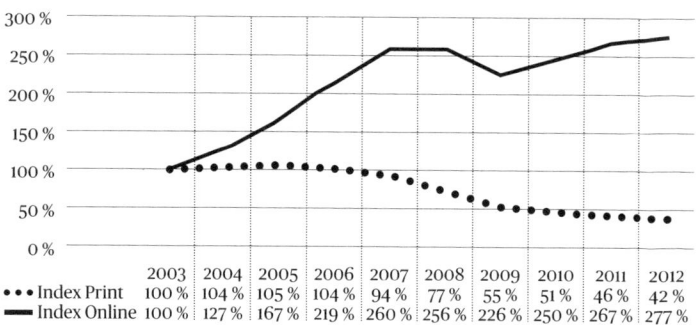

	2003	2004	2005	2006	2007	2008	2009	2010	2011	2012
••• Index Print	100 %	104 %	105 %	104 %	94 %	77 %	55 %	51 %	46 %	42 %
— Index Online	100 %	127 %	167 %	219 %	260 %	256 %	226 %	250 %	267 %	277 %

Dabei gilt der deutschsprachige Raum noch immer als Insel der Seligen, was die Position der Zeitungen im Werbemarkt angeht. Die gängige Erklärung, dass eben in den USA die Dichte an Internetanschlüssen in den Haushalten sehr viel früher sehr viel größer gewesen sei, stimmt nur bedingt. Sowohl für die Auflagen- als auch für die Anzeigen-Situation ist vermutlich der Faktor TV entscheidender: Das erste große Zeitungssterben erfasste die USA mit dem Aufkommen des privaten Lokalfernsehens. In Deutschland gibt es erst seit 30 Jahren privates Fernsehen (SAT.1 startete im Januar 1984), regionales Privatfernsehen spielt im Vergleich zu den USA keine Rolle. In Österreich trat überhaupt erst 2001 das Privatfernsehgesetz in Kraft, de facto verfügt der öffentlich-rechtliche Sender ORF nach wie vor über ein Monopol, im Werbemarkt machen ihm eher die Satellitenfenster der deutschen Privatsender zu schaffen als das österreichische Angebot.

Dass der Anteil der Zeitungen am deutschsprachigen Werbekuchen noch vergleichsweise groß ist, liegt also nicht daran, dass es im deutschsprachigen Raum weniger Internet gibt als in den USA, sondern daran, dass es weniger lokales TV gibt. In den USA haben sich die beiden Bedrohungen so kumuliert, dass die einschlägigen Kurven noch viel dramatischer aussehen als im deutschsprachigen Raum.

Kein Trost nirgends – das Riepl'sche Gesetz

Angesichts der tristen Lage in der Praxis suchen nicht wenige den Trost in der Theorie: Kaum eine Diskussion über das Ende der gedruckten Tageszeitung, in der nicht emphatisch auf das Riepl'sche Gesetz hingewiesen würde. Es wurde 1913 von Wolfgang Riepl, dem Chefredakteur der größten Nürnberger Tageszeitung, aufgestellt und besagt in seiner medienwissenschaftlichen Adaption, dass kein neues, höher entwickeltes ein bestehendes Medium vollständig ersetzt. Riepls Erkenntnis ist Frucht seiner Dissertation über *Das Nachrichtenwesen des Altertums mit besonderer Rücksicht auf die Römer.* Er stellt darin fest, „dass neben den höchstentwickelten Mitteln, Methoden und Formen des Nachrichtenverkehrs in den Kulturstaaten auch die einfachsten Urformen bei verschiedenen Naturvölkern noch heute im Gebrauch sind [...]. Andererseits ergibt sich gewissermaßen als Grundsatz der Entwicklung des Nachrichtenwesens, dass die einfachsten Mittel, Formen und Methoden, wenn sie nur einmal eingebürgert und brauchbar befunden worden sind, auch von den vollkommensten und höchst entwickelten niemals wieder gänzlich und dauernd verdrängt und außer Gebrauch gesetzt werden können, sondern sich neben diesen erhalten, nur dass sie genötigt werden können, andere Aufgaben und Verwertungsgebiete aufzusuchen." ·

Die medienwissenschaftliche Umdeutung von Riepls These, die sich ursprünglich auf sehr basale, teils ritenhafte Kommunikationsweisen bezogen hatte, ist ziemlich problematisch. Wo sind die handgeschriebenen „newen zeytungen" geblieben, die am Beginn der Gutenberg-Galaxis standen und sich nicht mehr als ein paar Jahrzehnte halten konnten? Wo die gedruckten Kalender früherer Tage, die durchaus Mediencharakter aufwiesen? Wo ist der Telegraf als persönliches Informationsmedium geblieben?

Aber die Branche hat sie gerne angenommen und daraus das „Unverdrängbarkeitsgesetz" gemacht, von dem sie inbrünstig hofft, dass es auch diesmal, angesichts der Bedrohungen durch die digitalen Medien, erfüllt werden wird. Man

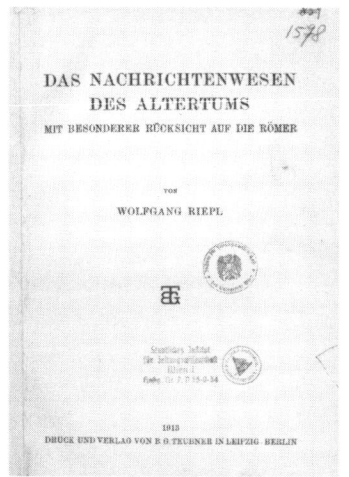

In dieser Dissertation von 1913 versteckt sich die Hoffnung: das „Riepl'sche Gesetz".

hat sich eine eindrucksvolle Beweiskette zurechtgelegt: Als das Radio aufkam und den Zeitungen das Nachrichtenmonopol streitig machte, verlegten sich die Zeitungen auf Hintergrundberichte, vor allem aber auf lokale Nachrichten. Als das Fernsehen aufkam und dem Kino der baldige Tod prophezeit wurde, wandelte sich das Kino zum Anbieter von Gemeinschaftserlebnissen. Also wird die Zeitung auch nicht vom Internet getötet werden, sondern sich unter dem Veränderungsdruck des neuen Mediums wandeln, und zwar zum ausgeruhten Analysen- und Meinungs-Edelprodukt, das Ergänzungen - man nennt Riepls angebliches Gesetz ja auch eine „Komplementaritätstheorie" - zum schnellen, trashigen Netz bietet.

Ganz so wie damals, als das Radio aufkam. Lässt sich die Geschichte mithilfe des Riepl'schen Gesetzes wirklich wiederholen? Nein, die Zeitung als täglich gedrucktes und verteiltes Produkt wird nicht überleben. Das bedeutet nicht, dass im von Philipp Meyer vorausgesagten Jahr 2043 oder zu einem früheren oder späteren Zeitpunkt weltweit keine gedruckte Tageszeitung mehr erscheinen wird. Wie in jedem Markt, dessen Rahmenbedingungen durch technologische Innovationen mit disruptivem Charakter verändert werden, werden wir zunächst eine Phase der Konsolidierung sehen, in der ein Teil der Marktteilnehmer aufgeben und ein Teil mit größeren, finanzstärkeren Unternehmen fusioniert wird.

Als historisches Vorbild kann die Entwicklung in den Vereinigten Staaten dienen: Als dort die lokalen TV-Stationen begannen, im großen Stil Werbeerlöse zu generieren, kam es in fast allen Zeitungsmärkten - das sind und waren in Amerika nahezu alle großen Städte samt Umland - zu Monopolbildungen. Waren zuvor in so gut wie allen diesen Märkten zwei unterschiedlich positionierte Blätter erschienen, so ließ sich mit dem, was das Fernsehen vom Werbekuchen übrig ließ, jeweils nur noch eine Zeitungsorganisation finanzieren.

Die deutschsprachigen Regionalmärkte sind schon jetzt zum überwiegenden Teil Monopolgebiete. Der Trend zur Konsolidierung wird sich also auch hier in nächster Zukunft auf den überregionalen Märkten zeigen. Die Sieger in diesem Verdrängungs- und Vernichtungswettbewerb gewinnen vor allem eines: Zeit. Zeit, in der sie jene neuen Geschäftsmodelle entwickeln können, die es ihnen erlauben, das „Prinzip Zeitung" am Leben zu erhalten, wenn das „Produkt Zeitung" nicht mehr existiert.

Todesursachen

Dass das „Produkt Zeitung" sterben wird, hat, wie jedes Sterben, eine Vielzahl von Gründen. Aber wie bei jedem Sterben lassen sich auch in diesem Fall einige Hauptursachen identifizieren.

Eine ist, dass der Inhalt, den die gedruckte Tageszeitung transportiert, auf anderen Wegen schneller, einfacher, billiger und vor allem den Konsumbedürfnissen des Publikums und den Kommunikationsbedürfnissen der Werber angemessener transportiert werden kann.

Die zweite ist, dass die Medienunternehmer es mental und organisatorisch versäumt haben und versäumen, den Übergang von der skalenorientierten Massenproduktion des Industriekapitalismus zum bedürfnisorientierten Prinzip der Maßanfertigung zu vollziehen. Sie erinnern an die Albert Einstein zugeschriebene Definition von Wahnsinn: Immer das Gleiche zu tun und zu erwarten, dass sich etwas verändert.

Wolf Lotter, der Mitbegründer des deutschen Wirtschaftsmagazins *brand eins*, zeigt diesen Übergang in seinem jüngsten Buch *Zivilkapitalismus*[5] sehr anschaulich. Er beschreibt die Manager des skalenorientierten industriekapitalistischen Konzernwesens als „Hausmeister des Kapitalismus": „Sie kehren die Stube ein wenig, lüften den Keller, und falls mal wer klingelt, stehen sie verdruckst rum und sagen, dass keiner zu Hause sei und sie niemanden reinlassen dürften. Sie würden sich nur ums Haus kümmern, die Herrschaften seien nicht da." Die Herrschaften, das wären die Unternehmer, in unserem Fall die Verleger. „Manager", schreibt Lotter, „sind nicht, dazu da, um Innovationen zu treiben - das ist die Aufgabe des kreativen Unternehmers -, sondern dazu, den Erhalt des Systems zu sichern. Bestenfalls sollen sie es optimieren und effizienter machen." Genau das versuchen die Medienmanager unserer Tage in ihren skalenorientierten, auf Kostensenkungen fixierten Programmen, mit denen sie den Turbo im „race to the bottom" gezündet haben.

Die Entwicklung weg von Verleger-geführten zu Management-geführten Medienunternehmen erweist sich heute als entscheidender Wettbewerbsnachteil für die etablierten Medienunternehmen in der Auseinandersetzung mit den digitalen Herausforderern, die von hungrigen, risikobereiten Unternehmern angeführt werden. „schöpferische Zerstörung" nannte der österreichische Ökonom Joseph A. Schumpeter diesen Prozess: Unternehmen, die nicht mehr konkurrenzfähig sind, weil ihre Eigentümer und Verwalter selbstzufrieden geworden sind und keine Innovationen mehr hervorbringen, werden durch frische, hungrige „Entrepreneure" abgelöst.

Gelegentlich wird in diesen ökonomischen Ausleseprozess eingegriffen. Im günstigen Fall, weil es Privatpersonen gibt, denen - aus welchen Motiven auch immer - das Weiterbestehen von Unternehmen, Produkten oder Dienstleistungen ein außerökonomisches Anliegen ist. Es wurden bereits mehrere traditionsreiche Medienmarken - der *Independent* und der *Evening Standard* in England, *France Soir* in Frankreich - von russischen Milliardären übernommen. Ob es sich beim Kauf der *Washington Post* durch Amazon-Gründer Jeff Bezos im Herbst 2013 ebenfalls um Mäzenatentum handelt, wird man noch sehen. Der britische *Guardian*, der spätestens mit der NSA-Affäre prestigemäßig mit der *New York Times* als Weltmarke gleichgezogen hat, ist dabei, das für unendlich gehaltene Vermögen der Stiftung auszuzehren, die ihn erhält. Hunderte Millionen Pfund hat das journalistisch und ideologisch ehrgeizige Projekt seines Chefredakteurs Alan Rusbridger schon gekostet. Wenn sich nicht anstelle der „Share"-Ideologie ein Geschäftsmodell findet, sagen die Vertreter der Stiftung, ist es in drei Jahren vorbei.

Ungünstiger sind jene Fälle, in denen Unternehmen oder Branchen genug Unterstützung durch die Politik mobilisieren können, die dann durch marktverzerrende Maßnahmen das Leben von nicht lebensfähigen Unternehmen künstlich verlängert. Manchmal durch gesetzliche Maßnahmen, die der neuen Konkurrenz das Leben schwermachen, ein andermal durch direkte Subventionen. Am Ende geht es meistens gleich aus: Die Unternehmen sterben trotzdem und das Steuergeld ist weg.

Das Ende der „vierten Gewalt"?

Eine solche Subventionsdebatte wird auch in der Medienbranche geführt, seit klar geworden ist, dass die Lage wirklich ernst ist. Und dass es um etwas geht, das uns alle angeht: Die Funktion der Zeitung als „vierte Macht" im Rahmen der Montesquieu'schen Gewaltenteilung, als Bühne, auf der das gesellschaftliche Selbstverständigungsgeschehen stattfindet, wie Arthur Miller es vor einem halben Jahrhundert beschrieb: „A good Newspaper, I suppose, is a nation talking to itself." Eine Nation im qualifizierten Selbstgespräch, ergebnisoffen, Widersprüche austragend und aushaltend, am gemeinsamen Erfolg interessiert und dem Gemeinwesen verpflichtet - so sehen wir heute, bei allem Naserümpfen über die Sensationsgier der Boulevardjournalisten und die ideologischen Engführungen dieses oder jenes Qualitätsblattes, „die Zeitung", und wir haben den Eindruck, dass das immer schon so war und deshalb auch so bleiben sollte.

Man kann kaum eine öffentliche Diskussion über die schwierige Lage der Zeitungsbranche hören, in der nicht ziemlich bald davon geredet wird, dass, wenn alle Stricke reißen, eben der Staat einspringen und die Zukunft der Zeitung ökonomisch absichern müsse. Weil mit der Zeitung auch die Demokratie gefährdet sei. Ist das so? „Niemand sollte sich über den Niedergang der einstmals großen Titel freuen", hieß es 2006 im *Economist*-Leitartikel: „Aber der Niedergang der Zeitungen wird für die Gesellschaft nicht so schädlich sein wie manche glauben. Erinnern Sie sich: Die Demokratie hat schon den großen, durch das Fernsehen eingeleiteten Auflagenrückgang der 1950er Jahre überlebt. Sie hat überlebt, als die Leser Zeitungen mieden und die Zeitungen das mieden, wovon man in verstaubteren Zeiten gedacht hatte, es wären seriöse Nachrichten. Die Demokratie wird auch den kommenden Niedergang überleben."

Die Idee, dass die Medien die „vierte Gewalt" („pouvoir") oder der „vierte Stand" („estate") seien, ist zumindest in Frankreich und England fast so alt wie die Idee der Gewaltentrennung selbst. Freilich wird in der zeitgenössischen Debatte gern vergessen, dass Montesqieu, wie fast ein Jahrhundert davor Hobbes, in erster Linie der Rechtsstaatlichkeit, nicht der Demokratie ein institutionelles Fundament bauen wollte. Das hat damit zu tun, dass man inzwischen alles, was man an gesellschaftlichen Konventionen für wünschenswert hält, zu „demokratischen Werten" erklärt. Das hält die Erregungs- und Empörungsbereit-

Charles de Montesquieu (1689-1755) formulierte 1748 in seiner Schrift *Vom Geist der Gesetze* das Prinzip der Gewaltenteilung.

schaft auf hohem Niveau und erleichtert die Durchsetzung politisch korrekter Ideen, hat aber einen eminenten Nachteil: Wenn es mal nicht so toll läuft, sieht man gleich die Demokratie in Gefahr, wenn eine Zeitung schreibt, was einem nicht gefällt.

Vergessen wir also nicht, dass die Aufteilung der Staatsgewalt in Legislative, Exekutive und Judikative in erster Linie der Beschränkung dieser Staatsgewalt dienen sollte - und zwar, möchte man heute rückblickend sagen, jeder Staatsgewalt, auch der demokratisch ausgeübten. Auch aus dieser Perspektive erscheint es deutlich überzogen, die „vierte Säule" als genuin „demokratisches" Instrument zu beschreiben. Wenn man die Medien überhaupt in einem formelleren Sinn als „Publikative" den konstitutiven Elementen der Gewaltentrennung zurechnen will, dann sollte man sich bewusst halten, dass es nicht um eine „Stärkung" der Staatsgewalt geht (nur weil sie eben zufällig gottlob demokratisch verfasst ist), sondern um deren Beschränkung. Hier hat sich wohl auch und vor allem unter den Wohlmeinenden ein fundamentales Missverständnis eingeschlichen.

Interessanterweise wird fast immer dann, wenn über die „vierte Gewalt" gesprochen wird, von der Rolle der „Medien" gesprochen, während in der Regel die „Zeitungen" gemeint sind. Öffentlichrechtliches Fernsehen wird im Großen und Ganzen dem Bereich der Exekutive zugerechnet, privatem Fernsehen wird nicht zugetraut, irgendeine ernsthafte Rolle außer jener des Quoten- und Geldbringers zu spielen - und in der digitalen Welt kennt man sich noch nicht so richtig aus. „Zeitung" ist also offensichtlich trotz der imposanten Entwicklung der elektronischen und der digitalen Medien während der vergangenen Jahrzehnte zu einem Synonym für „Journalismus" geworden. Wir werden dem Phänomen, qualitativ hochwertigen Journalismus als das „Prinzip Zeitung" zu begreifen, am Beginn des dritten Kapitels (*Das ewige Leben*) wieder begegnen.

Was ist nun aber die Rolle der Medien im Rahmen der Gewaltenteilung, die ihnen von jenen zugeschrieben wird, die um die

Demokratie fürchten? Heinz Pürer, der Doyen der österreichischen Journalismuswissenschaft, ist ein bekennender Skeptiker, was die Rede von der „vierten Gewalt" betrifft. Er spricht, in Orientierung an der Realverfassung, lieber von der „vierten Macht". Und er sieht vor allem eine „Informationsfunktion" der Medien im Sinne einer „Herstellung von Öffentlichkeit". Seine Beschreibung dieser Funktion lautet:

„a) die Herstellung von Öffentlichkeit von ‚unten' (den Regierten) nach ‚oben' (zu den Regierenden), d. h. die Unterrichtung des politischen Systems im Blick auf Verhaltens-, Meinungs- und Einstellungsveränderungen der Bevölkerung sowie bei gesellschaftlichen Institutionen und Organisationen - die ‚Artikulationsfunktion'; b) die Herstellung von Öffentlichkeit über politische, ökonomische oder kulturelle Entscheidungen bereits im Vorfeld ihres Entstehens, also die ‚Transparenzfunktion'. Nicht selten verfolgen die Massenmedien dabei jedoch eigene (politische) Interessen und ist die Möglichkeit oder zumindest die Verleitung zum Missbrauch der journalistischen Macht daher groß; c) die Herstellung von Öffentlichkeit ‚von oben' (von den Regierenden) nach ‚unten' (zu den Regierten), d. h. die Erfüllung des Mitteilungsbedurfnisses des politischen Systems gegenüber der Öffentlichkeit im Hinblick auf zu fällende politische Entscheidungen, Programme, Nah- und Fernziele. Diese ‚Mitteilungsfunktion' schließt die Möglichkeit der Selbstdarstellung des politischen Systems und seiner Funktionsträger mit ein. ‚Hofberichterstattung' ist damit allerdings nicht gemeint."[6] Er schließt daran eine weitere Funktion der Medien, nämlich die „Kritik- und Kontrollfunktion", die er als „Rundumkontrolle" versteht, „bei der die Mitwirkung der Massenmedien an der Normenfindung und Normenkontrolle miteingeschlossen sind".

Pürers interessantester Hinweis stand aber in der Einleitung seines sehr instruktiven Textes. Darin wies er explizit darauf hin, dass er sich bei dieser Beschreibung ausschließlich auf die „klassischen Massenmedien" Zeitung, Zeitschrift, Radio und Fernsehen -

„und damit auch auf den Journalismus in diesen Medien" - bezieht. Auf Entwicklungen im Internet, bei den Online-Medien und in der Online-Kommunikation wollte er - 2008! - nicht eingehen. Zwar eröffneten sich auf diesem Feld „ganz neue Möglichkeiten, Öffentlichkeit herzustellen", weil der Bürger nicht mehr nur „passiver Adressat" sei, sondern auch (inter-)aktiv an Denk- und Diskussionsprozesse teilnehmen könne. „Die demokratietheoretische Verortung des Internet und der öffentlich relevanten Online-Kommunikation trägt gegenwärtig aber noch stark spekulative Züge und bewegt sich eher auf dünnem Eis."

Was meinen wir, wenn wir „Öffentlichkeit" sagen?

Das entscheidende Stichwort lautet also „Öffentlichkeit": Wir reden, wenn wir von der „vierten Gewalt" reden, davon, was wir unter „Öffentlichkeit" verstehen wollen. In der Kommunikationswissenschaft spielt der Begriff erst seit den frühen 60er Jahren eine Rolle, seit damals aber auch eine entscheidende. Die Initialzündung für den Boom des Genres war Jürgen Habermas' 1962 veröffentlichte Habilitationsschrift *Strukturwandel der Öffentlichkeit*. Habermas zeichnet so etwas wie den Idealtypus der bürgerlichen Öffentlichkeit, wie er sich im 18. Jahrhundert vor allem durch den ersten Boom der Gattung „Zeitschrift" entwickelte. Dieser Idealtypus wird durch Offenheit im Zugang und durch das Prinzip Diskursivität gekennzeichnet, wobei Habermas unter Diskursivität jenen Prozess versteht, in dem durch den Austausch von Argumenten Normen begründet werden. Schließlich hat der Idealtypus auch eine Legitimationsfunktion: Einerseits versorgt er die entscheidenden Politiker mit Entscheidungsressourcen, andererseits werden diese Entscheidungen im Diskurs legitimiert, was zu einer Stärkung der Demokratie führen sollte.

Modell Habermas

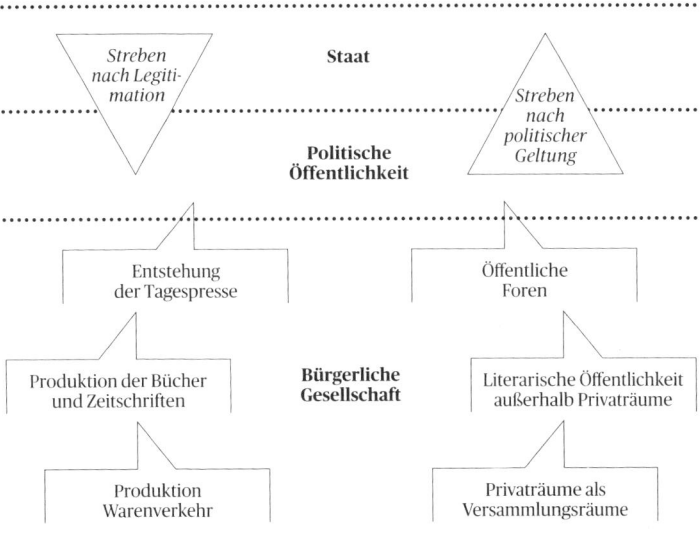

Das wichtigste Gegenmodell zur Öffentlichkeitstheorie der Frankfurter Schule lieferte Niklas Luhmann. Luhmann versteht Öffentlichkeit als normativ anspruchsloses Phänomen der Beobachtung, genauer gesagt: des beobachteten Beobachtens. Diese Beobachtungen zweiter Ordnung wirken nach Luhmanns Verständnis wie ein Spiegel, Öffentlichkeit ist also ein Reflexionsmedium, geeignet sowohl zur Selbst- als auch zur Fremdbeobachtung. Der Effekt dieses Spiegels, sagt Luhmann, liege nicht in der Korrektur des Handelns, sondern in der Reflexion. Die psychologischen Bedingungen des Öffentlichkeitsgeschehens wurden von Elisabeth Noelle-Neumann in bis heute gültiger Form (*Die Schweigespirale*) beschrieben.

Die Beantwortung der Frage, ob den Medien tatsächlich die Rolle der „vierten Gewalt" zukommt und wie sie diese Rolle in an-

Modell Luhman

gemessener Weise ausfüllen können, wird also ganz stark davon abhängen, welchen Begriff von „Öffentlichkeit" man sich zu Eigen macht. Unter den vermutlich nicht besonders theorieversessenen Durchschnittsnutzern scheint es inzwischen eine Mehrheit zu geben, die den „traditionellen" Medien eher nicht zutraut, eine solche Rolle tatsächlich zu spielen. Unter diesen wiederum gibt es eine Mehrheit, die das beklagt, und eine ziemlich rasch wachsende Minderheit, die mit den von Pürer angesprochenen Möglichkeiten, „sich (inter-)aktiv in Denk- und Diskussionsprozesse einzuschalten", das Ende der „vierten Gewalt" als Mittel der Manipulation gekommen sieht. Ihr Credo lautet: „Wir brauchen euch nicht mehr."

Offensichtlich stimmt etwas nicht mehr in dem Dreiecksverhältnis zwischen Bürger, Politik, Medien. Die Auswirkungen dieser dysfunktionalen Beziehung bekommen sowohl Politik als auch Medien in Form von Misstrauen zu spüren. Was die Rolle der Medien als Publikative neben Legislative, Exekutive und Judikative im Gewaltenteilungsmodell betrifft, geht diese Dysfunktionalität von den Medien aus: Die Strukturkrise, mit der die klassischen Medien seit Beginn der Digitalisierung zu kämpfen haben

- und die durch die Wirtschafts- und Finanzkrise ab 2008 schärfer zutage getreten ist -, hat zu einer so massiven Schwächung des klassischen Journalismus geführt, dass sie die Aufgaben, die mit der (Selbst-)Zuschreibung der Rolle als „vierte Gewalt" verbunden sind, selbst dann nicht mehr erfüllen können, wenn sie es gerne möchten.

Aus historischer Perspektive ist die Selbstverständlichkeit, mit der gegenwärtig nach öffentlicher Unterstützung für die Medien, vor allem für die unter Druck gekommen Zeitungen als Stütze der Demokratie gerufen wurde, ziemlich gewagt, gerade im deutschsprachigen Raum. Dort kann, wie der österreichische Publizistikprofessor Hans Heinz Fabris in seinem Beitrag *Der verspätete Aufstieg des Journalismus in der Zweiten Republik* [7] unter Berufung auf seinen Dortmunder Kollegen Gerd Kopper schreibt, „für die Berufsgruppe der Journalisten [...] gesagt werden, dass ihnen im Gesamtzusammenhang der Modernisierung seit dem Ende des 18. Jahrhunderts kaum jemals eine tragende Bedeutung zugekommen ist". Kopper führt diese auf eine „allgemeine Verspätung in der gesellschaftlichen Entwicklung" im Vergleich vor allem zu den westeuropäischen Ländern zurück. Aus Frankreich, England und den Vereinigten Staaten stammt die Idee, die Medien seien die „vierte Gewalt". Zwar habe es auch „im Westen" Brüche und Risse in der journalistischen Berufsauffassung gegeben, den Journalisten sei aber - „sogar in einem so fernen Nachfolgestaat westlicher Modernisierung wie Japan" - immer „ein fester Platz in den politischen und sozialen Entwicklungspositionen zuerkannt" worden.

Für die Entwicklung in den deutschsprachigen Ländern hingegen sei „eine besondere Variante des historischen Idealismus" charakteristisch, in welcher „das bürgerliche Bildungsideal des beginnenden 19. Jahrhunderts" mit dem „Künstler- und Begabtenmythos" verschmolzen wurde, was die Professionalisierung des Berufsfeldes Journalismus deutlich verzögert habe.

Dazu kam, dass den deutschsprachigen Ländern die demokratischen Erfahrungen der Engländer und Amerikaner und die revolutionären Erfahrungen der Franzosen fehlten. In Deutschland wurde der „Nachholprozess", von dem Fabris schreibt, nach dem Ende des Zweiten Weltkrieges rascher und gründlicher in Gang gesetzt als in Österreich. Das bedeutete, dass das Obrigkeitsdenken, das die Brüche 1918/19, 1933/34, 1938, 1945 und 1955 überlebt hatte, noch weit in die Zweite Republik hinein weiterlebte und sich in den sozialpartnerschaftlich-großkoalitionären Strukturen verfestigte. Und es bedeutete eine für den Außenblick wohl überraschende persönliche Kontinuität sowohl aus der Zeit des Ständestaates als auch aus der Zeit des NS-Regimes hinein in die „Stunde null", die in mehrfacher Hinsicht nicht unbedingt eine solche war. Menschen, die sowohl dem Dollfuß/Schuschnigg-Regime gedient als sich auch durch die NS-Herrschaft geschlängelt hatten, waren nun doch nicht die idealen Gewährsleute für die Ausrufung einer „vierten Gewalt" zur Kontrolle der Mächtigen und Herrschenden.

Das medienpolitisch bestimmende US-amerikanische Besatzungsregime, das dafür sorgte, dass während der ersten 15 Jahre der Nachkriegszeit die Presselandschaft von Parteizeitungen beherrscht wurde, tat ihr Übriges. Hans Heinz Fabris schreibt, dass der „großkoalitionäre Journalismus" nach und nach vom „sozialpartnerschaftlichen Journalismus" abgelöst wurde.

Für Österreich lässt sich sagen, dass - zumindest in der öffentlichen Selbstbehauptung und wohl auch in der öffentlichen Wahrnehmung - die Idee der Medien, also des öffentlich-rechtlichen Rundfunks und der Zeitungen, als „vierte Gewalt" ausgerechnet in jenen drei Jahrzehnten ihre Blüte feierte, in denen sich diese Medien besonders eng an die Regierenden schmiegten: während der Herrschaft des „Sonnenkönigs" und „Journalistenkanzlers" Bruno Kreisky von 1970 bis 1983 und während der Neuauflage des großkoalitionären Programms von 1986 bis 1999.

„Fünfte Gewalt"?

Im ersten Jahrzehnt des neuen Jahrtausends hätte eigentlich der Druck der technologischen Veränderungen bereits spürbar sein müssen, aber er wurde abgemildert durch den warmen Anzeigenregen, der nach dem Platzen der „Dotcom-Blase" mit der Rückkehr des konjunkturellen Booms auf die Zeitungen fiel. Mit dem scharfen Einschnitt nach der Lehman-Pleite im September 2008 kamen die scharfen Einschnitte in die personellen Strukturen der Zeitungsredaktionen. Seither müssen sich die traditionellen Medien die Frage gefallen lassen, ob nicht inzwischen eine neue, die „fünfte Gewalt" in Gestalt von PR und Lobbying das Ruder übernommen hat. Der Begriff stammt von Thomas Leif und Rudolf Speth, das Buch, das die beiden herausgegeben haben, erschien unter zwei Titeln: einmal hieß es *Die stille Macht. Lobbyismus in Deutschland*; das andere Mal *Die fünfte Gewalt. Lobbyismus in Deutschland*.

Diese „fünfte Gewalt" ist so stark, dass sie inzwischen das Nachrichtenaufkommen in Agenturen und Tageszeitungen dominiert, behauptet zumindest der Fernsehjournalist und Medienberater Matthias Michael.[8] Zugleich eröffnet der „Verlust der Deutungshoheit", den die professionellen Journalisten nach der Einschätzung von Matthias Michael zunehmend erleiden, die Chance zur Etablierung einer weiteren Alternative: der „fünften Gewalt" in Form einer „digitalen Öffentlichkeit", die zugleich eine Bedrohung für die klassische Medienindustrie und eine Chance zur Absicherung von deren Rolle als „vierte Gewalt" darstellt.

Die Journalistin und Kulturwissenschaftlerin Mercedes Bunz hat im Sommer 2012 für die Website der Heinrich-Böll-Stiftung einen Essay mit dem Titel *Die fünfte Gewalt: Über die Neuausrichtung der medialen Gewaltenteilung* verfasst.[9] Die ehemalige Medienredakteurin des *Guardian* präsentierte darin Vorschläge für eine optimistische Interpretation der Ereignisse. Sie geht von jener doppelten Informations- und Aufklärungsfunktion des Journalismus („von oben" und „von unten") aus, die auch Heinz Pürer in den Mittelpunkt seiner Überlegungen gestellt hatte: Aufklärung der Bevölkerung und Aufklärung der Regierenden. Das von Jürgen Habermas in *Strukturwandel der Öffentlichkeit* beschriebene Gleichgewicht der Kräfte zwischen Medien und Politik habe sich, so Bunze, durch die Etablierung einer algorithmenbasierten „Veröffentlichungsgesellschaft" grundlegend geändert.

Immer öfter wendeten sich Politiker direkt an die Öffentlichkeit, ohne den Umweg über die Presse oder das Fernsehen zu nehmen. Zitiert werden Beispiele aus dem Vereinigten Königreich, aus den Vereinigten Staaten, aus Island. Vereinzelt würden die Möglichkeiten, Verbesserungen in der Verwaltung und die Sortierung wichtiger Themen im direkten Austausch mit der Bevölkerung zu bewerkstelligen, auch in Deutschland genutzt, aber bei weitem nicht so stark wie in der angelsächsischen Sphäre.

Welche Rolle spielt der professionelle Journalismus in dieser (über weite Strecken noch immer: möglichen, potenziellen) neuen politischen Kultur, in diesem neuen medialen Raum? Mercedes Bunz sieht in der neuen „digitalen Öffentlichkeit" neben ihren Möglichkeiten des direkten Austauschs zwischen Politik und Bürgern auch eine Quelle für den klassischen Journalismus. Zurecht: Aus der digitalen „Privatöffentlichkeit" kommen immer öfter auch Hinweise für investigative Recherchen, die für professionelle Journalisten auf den klassischen Wegen nie zugänglich gewesen wären.

Man kann den eben erstellten Befund auf zwei ziemlich unterschiedliche Weisen zusammenfassen. Die erste folgt der ideengeschichtlich-medientheoretischen Linie der Ereignisse und geht ungefähr so: In der Übergangsphase zwischen der Gutenberg- und der Turing-Galaxis, in der wir uns nach wie vor befinden, herrscht Unsicherheit in Bezug auf die angemessene Definitionsweise von „Öffentlichkeit". Es ist noch nicht absehbar, welche Konsequenzen die neuen Formen von Öffentlichkeit, die dabei sind, sich zu entwickeln, auf das persönliche Leben und auf die Aushandlung der öffentlichen Angelegenheiten haben werden. Und es bleibt unsicher, ob sich Medien mit hoher journalistischer Qualität in Zukunft auf herkömmlichen Wegen werden finanzieren lassen, was zunächst einmal diese Medien als ernsthaftes Gegenüber einer Politik schwächt, die selbst mit vielfältigen Formen des Kontrollverlustes konfrontiert ist.

Die zweite Formulierung folgt der medienökonomisch-medienhistorischen Linie der Ereignisse und geht ungefähr so: Die meisten Medienhäuser haben es versäumt, die fundamentalen Konsequenzen zu ziehen, die das Ende des Gutenberg-Zeitalters und die fortschreitende Digitalisierung für sie haben werden; und sie sind gerade dabei, die letzten Reste ihres Geschäftsmodells zu zerstören, in dessen Zentrum nach wie vor die gedruckte Tageszeitung steht. Als letzten Ausweg versuchen sie, über die Selbstbehauptung einer Rolle als „vierte Gewalt" im Rahmen des klassischen Gewaltenteilungsmodells so etwas wie einen Anspruch auf öffentliche Subventionierung zu formulieren. Gleichzeitig zerstören sie sich eben dieses Argument, weil sie durch ihre konventionellen, den Managementprinzipien des skalenorientierten Industriekapitalismus folgenden Versuche, ihr Geschäftsmodell zu retten, ihre Kapazitäten zur Wahrnehmung einer Rolle als „vierte Gewalt" zerstören.

Kein Zweifel: Die Zeitung stirbt gerade. Man muss mit dem Ausstellen des Totenscheins nicht warten, bis tatsächlich die letzte Zelle abgestorben, das letzte Exemplar irgendwo auf dem Globus gedruckt wird. Die gedruckte Zeitung als der dreidimensionale Raum, in dem sich die gesellschaftliche Selbstverständigung auf bevorzugte Weise abspielt, ist klinisch tot.

Zeit also, einen Nachruf zu verfassen, als „Obituary" im Übrigen eine der edelsten Textsorten der englischsprachigen Zeitungswelt.

Johannes Gensfleisch, genannt Gutenberg
(um 1400-1468), schuf die technischen Voraus-
setzungen für die Entwicklung der Printmedien.
Von 1452 bis 1454 stellte er unter Einsatz mobiler
Metalllettern und der ebenfalls von ihm erfundenen
Handpresse seine erste Bibelausgabe her.

ERINNERUNGEN AN DIE ZUKUNFT

Schwer zu sagen, wo man ansetzen müsste, um die frühesten Ansätze dessen zu finden, was man rückblickend das „Prinzip Zeitung" nennen könnte. Denn Nachrichten wurden zwischen den Menschen ausgetauscht, lange bevor sie schreiben konnten. Diese Nachrichten wurden an Straßenkreuzungen weitergegeben, sodass die Reisenden sie in die entferntesten Gegenden tragen konnten, man erzählte sich Neuigkeiten an Lagerfeuern und auf Marktplätzen, man schickte Läufer von den Schlachtfeldern zurück in die Polis. Heute noch am berühmtesten ist jener, der, nachdem er die etwas mehr als 42 Kilometer von Marathon nach Athen gelaufen war, um über den Ausgang der Schlacht gegen die persischen Truppen des Dareios zu berichten, mit den Worten „Nenikekamen" tot zusammenbrach: „Wir haben gesiegt."[1]

Auch die „Marktschreier" befinden sich noch in unserem Wortschatz, die in Vor-Schrift-Zeiten durch die Dörfer gingen, um Geburten, Todesfälle, Heiraten und Scheidungen bekannt zu machen. Ungewöhnliche Ereignisse haben sich immer schon verbreitet „wie ein Lauffeuer". Mit der Entwicklung der Schrift wurden die Nachrichten verlässlicher. Und in fortgeschrittenen Zivilisationen wie der römischen oder der chinesischen wurden sie auch formeller. In Rom existierte ein besonders ausgeklügeltes System zur Verbreitung schriftlicher Nachrichten, die „Acta": täglich handgeschriebene „Newsletter", die von der Regierung von 59 v. Chr. bis zumindest 222 n. Chr. auf dem Forum Romanum ausgehängt wurden.

Das chinesische Pendant zu den „Acta" hieß „Tipao". Der offizielle chinesische Newsletter entstand etwas früher (202 v. Chr.) in der Han-Dynastie, wo er bis 221 n. Chr. unter Staatsbeamten kursierte, während der Tang-Dynastie (618-906) wurde er eine Zeit lang auch gedruckt. In China kannte man seit dem 8. Jahrhundert ein Holzdruckverfahren, bei dem Abzüge von eingefärbten Holzstöcken abgenommen wurden, indem ein Papier mit einer Bürste darauf abgerieben wurde. Bereits im 5. Jahrhundert hatte es erfolgreiche Versuche mit der Technik der Steinabreibung gegeben, bei denen feuchtes Papier über ein Steinrelief aufgebürstet und in trockenem Zustand mit einem Tampon und Tusche eingefärbt wurde. Die moderne Zeitung wurde in China aber erst im 19. Jahrhundert aus Europa importiert.

Parallel zu den Schriftmedien erhielten sich aber auch zwei „Menschmedien", die nah an die Geburt der Zeitung heran eine wichtige Nachrichtenfunktion erfüllten: der „Zeitungssänger" und der Prediger. „Nach und neben anderen Formen und Funktionen des Sängers in der Antike, dem Mittelalter und der frühen Neuzeit", schreibt Werner Faulstich in seiner *Mediengeschichte*, „bildeten sich auch fahrende Sänger heraus, die den Akzent auf historische Ereignisse, auf aktuelle Geschehnisse setzten."[2] Sie waren ebenso Neuigkeitslieferanten wie die Prediger, die viele Menschen allsonntäglich als einzige mit relevanten Neuigkeiten versorgten. Zwei der vier Kriterien, die man später zur Definition der Zeitung heranziehen wird, sind hier schon angelegt: die *Aktualität* im Sänger, die *Periodizität* im Prediger.

Eine deutsche Angelegenheit

Die Entwicklung der Zeitung ist eine europäische, eine deutsche Angelegenheit. Es wird also nicht verwundern, dass auch die Debatte darüber, was eine Zeitung überhaupt und eigentlich ist, ab welchem Zeitpunkt in der Geschichte der vervielfältigten Texte und Bilder man also im heutigen Sinn von einer „Zeitung" zu reden habe, auf gewisse Weise eine deutsche Angelegenheit war. Diese

Frage stellt sich ja nicht erst, seit ihr Produktcharakter - tägliches Erscheinen auf Papier - in Frage steht. Sie stand bereits ganz am Anfang auf der Agenda der deutschsprachigen Zeitungsforschung, die - wie die Zeitungsforschung insgesamt - eine relativ junge Angelegenheit ist. Ihre erste Hochblüte hatte sie zwischen 1918 und 1933. Im Deutschen Reich war die Pressefreiheit erst gegen Ende des 19. Jahrhunderts zum Normalfall geworden und somit auch die Zeitungsforschung nicht besonders weit fortgeschritten. Und 1933 war es mit der Freiheit schon wieder vorbei. Die Zeitungen des Nazi-Reichs wurden per Reichsschriftleitergesetz gleichgeschaltet; die Zeitungsforschung wurde dem Reichspropagandaministerium zugeordnet.

Dazwischen hatte es wohl den einen oder anderen Ansatz gegeben, irgendwo zwischen Kultur-, Politik-, Sozial- und Wirtschaftswissenschaften das zeitungswissenschaftliche Fach zu etablieren. Max Weber etwa, der große Soziologe, hatte 1910 das Konzept einer wissenschaftlichen „Presseenquete" vorgestellt. Webers Ansatz einer soziologisch-ökonomischen Analyse des Pressewesens mit empirischen Mitteln konnte sich allerdings nicht durchsetzen. Am Beginn der deutschsprachigen Zeitungswissenschaften dominierte der historisch-philologische Ansatz.

„Die Zeitungswissenschaft und die ihr nahestehenden Kreise", schreibt 1931 Walther Heide, gemeinsam mit Karl d'Ester einer der Begründer der deutschen Zeitungswissenschaft[3], „sind heute noch nicht zu einer einheitlichen, allgemein gültigen Auffassung darüber gekommen, in welche Zeit oder in welches Jahr man den Ursprung des deutschen Zeitungswesens verlegen soll."[4] Das hatte damit zu tun, dass man keine Einigung darüber erzielen konnte, was zu den Vorläufern der Zeitung zu rechnen wäre und was zu ihren direkten Anfängen.

In seiner 1931 erschienenen Schrift jedenfalls lieferte Heide - in Abgrenzung zu der damals verbreiteten These, dass man auch die ab dem Ende des 14. Jahrhunderts im Umlauf befindlichen, bis ins

16. Jahrhundert bei besonderen Anlässen erscheinenden Berichte über irgendwelche Ereignisse als „Zeitung" zu bezeichnen habe - eine nach wie vor plausible Definition: „Der Charakter einer Zeitung", schrieb Heide, erwachse „aus einer Publizität, d. h. einer Verbreitung an die große öffentliche Allgemeinheit, verbunden mit einer Periodizität und Aktualität ihres Erscheinens". Klar ist für Heide mit dieser Definition auch, dass der Ursprung der Zeitung keineswegs mit der Erfindung des Buchdrucks zeitlich zusammenfällt. Ein Zeitgenosse Heides, Hans Traub, hatte einige Jahre zuvor die Ansicht vertreten, dass Gutenbergs Erfindung und ihre Träger, die Buchdrucker, ganz am Beginn des Zeitungswesen stünden, dazu kam „der neue Lebensrhythmus, wie ihn die Fülle der Ereignisse an der Wende des 15. und 16. Jahrhunderts schuf".[5]

Das stimmt zweifellos, Heide aber geht es darum, auch die weiter zurückreichenden Vorläufer in den Blick zu bekommen. Er sieht den Ursprung der Zeitungen in den bis ins 13. Jahrhundert nachgewiesenen Kaufmannsbriefen, in denen von Waren und Preisen, gelegentlich von relevanten politischen Ereignissen berichtet wurde. Versendet wurden diese Briefe aus jenen See- und Handelsstädten, in denen sie zuerst eintrafen: Venedig, Antwerpen, Köln, Frankfurt/M. und Wittenberg.

Die Vorläufer

Besonders wichtig für diese Frühzeit des Zeitungswesens waren Augsburg und Nürnberg. Über Nürnberg, die reiche, zentral gelegene Kaufmannsstadt, hatte Luther nicht ohne Grund gesagt, sie sei „das Auge und Ohr Deutschlands", das „alles siehet und höret". Große Kaufleute, weltliche und geistliche Fürsten sowie Gelehrte unterhielten einen ziemlich ausgedehnten Briefverkehr und blieben auf diese Weise über den größeren Teil des damals bekannten Weltgeschehens konstant auf dem Laufenden.

Die frühen „Zeitungen" waren den Briefen beigelegt und trugen auch Bezeichnungen wie *Newe Zeitung, Neue Märe, Läufe, Beyzeitung, Avise, Pagellen, Zeddel* oder *Tidinge*. Sie wurden in interessierten Kreisen weitergereicht und abgeschrieben - und es dauerte nicht lange, bis darauf ein funktionierendes Geschäftsmodell aufgebaut wurde. Einer der Pioniere auf diesem Weg war der weitgereiste Rechtsgelehrte Christoph Scheurl (1481-1542), Rat des Kaisers und mehrerer Bischöfe und Kurfürsten, dessen von den Benediktinern in Tegernsee aufbewahrte Briefzeitungen in der zweiten Hälfte des 19. Jahrhunderts erstmals veröffentlicht wurden. Der Abt des Klosters war wohl unter den Empfängern der Nachrichten gewesen, in denen es „viel seltsame Geschicht, Copei, Sprüch, Lieder und andere Mär in mancherlei Weis" zu lesen gab.

Der neue Berufszweig des „Avisenschreibers", „Zeitungers" oder „Novellanten" findet sich in den deutschen Städten ab der Mitte des 16. Jahrhunderts. Sie waren Reporter, Redakteure und Verleger in einer Person. Ihre Quellen waren Wandergelehrte, vazierende Mönche und fahrende Sänger, aus deren Nachrichten aus der politischen Welt und der Welt der Naturereignisse sie auswählten, diese vielleicht miteinander verknüpften, um sie, sauber mit der Hand geschrieben, zusammenzufassen. Die Berichte über die Arbeitsweise dieser kopierenden Verwerter des eingelieferten Materials erinnern frappant an die Arbeitsleid-Klagen aus den Online-Redaktionen des frühen 21. Jahrhunderts, in denen unter Hochdruck und ohne allzu viel eigene Kreativität „Copy" und „Paste" veranstaltet wird. Ein- bis zweimal die Woche wurden die so entstehenden Produkte dann auf Bestellung und gegen Entgelt an die Abonnenten versandt: an Fürsten, Staatsmänner, Handelsherren.

Das Rückgrat des aufkommenden Nachrichtenwesens bildete die Kaufmannschaft. Sie hatte nicht nur für ihren eigenen Bedarf die wichtigen Knotenpunkte mit Botenmeistern besetzt, die über eigene Stafetten von Kurieren und über „Ordinari" genannte Boten verfügten, sondern übernahm in der Regel den amtlichen Briefverkehr gleich mit. Die Ordinari fielen mit dem Aufkommen der Taxi'schen Post (die von Thurn und Taxis verfügten ab 1615 über einen erblichen Reichspostmeister) den Postreitern zum Opfer, die bald zu den meistbenutzten Vermittlern von Nachrichten wurden. Die Postmeisterei wurde zum zentralen Ausgangspunkt der „gesprochenen Zeitung", und wenn der Postmeister unternehmerisch und kapitalstark genug war, ließ er die einlaufenden Berichte aufschreiben und zunächst handschriftlich, später im Druckverfahren vervielfältigen.

Die Wurzeln des Zeitungswesens sind mit der Entwicklung des Postwesens als einer allgemein zugänglichen Verkehrseinrichtung eng verbunden. Man kann das noch heute an vielen Zeitungstiteln ablesen, die auf „Post" „Kurier" oder „Bote" lauten. Überhaupt wird man noch sehen, dass die Geschichte der Zeitungsnomenklatur einen besonders erhellenden Blick auf die Geschichte des Zeitungswesens insgesamt erlaubt.

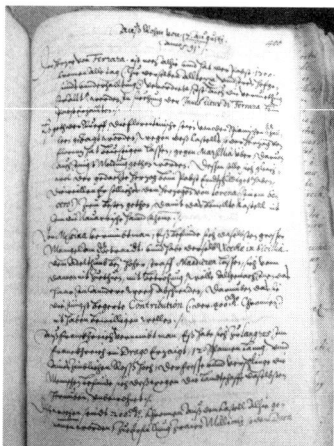

Ein Monumentalwerk: die *Fugger-Zeitung*, die auch lange nach Erfindung des Buchdrucks noch von Hand geschrieben wurde.

Das prächtigste Stück der zeitungsgeschichtlichen Ursprünge freilich ist heute in der Handschriftenabteilung der Österreichischen Nationalbibliothek in Wien zu besichtigen: 27 schweinslederne Bände der *Fugger-Zeitung*, 35.230 teils eng beschriebene Seiten. Wer sie betrachtet, hat zunächst einmal wenig Zweifel daran, dass es sich um etwas handelt, das seiner Struktur und seinem Aufbau nach den Kriterien einer „Zeitung" in unserem heutigen Sinn entspricht. Das war auch sehr lange Zeit die allgemeine Lehrmeinung in den deutschsprachigen Zeitungswissenschaften gewesen.

Walther Heide hatte nicht nur Zweifel, er kämpfte zornig und mit allen ihm zur Verfügung stehenden argumentativen Mitteln gegen die Legende an, dass die *Fugger-Zeitungen* die ersten Zeitungen gewesen seien. Und sein Hauptargument ist plausibel: Es fehlte die Publizität. Philipp Eduard Fugger ließ die „Zeytungen", also die Nachrichten, die er in deutscher, französischer, italienischer und lateinischer Sprache erhielt, zwar bei einem Augsburger „Verleger" für seine Sammlung vervielfältigen. An eine große Öffentlichkeit waren sie aber nie gerichtet - wie auch: Es handelte sich um Informationen, die dem Empfänger einen Wettbewerbsvorteil verschaffen sollten. Sie an ein größeres Publikum weiterzureichen hätte allenfalls dann einen Sinn ergeben, wenn dahinter ein valides Geschäfts-, also Bezahlmodell gestanden wäre, das die potenziellen Verluste aus dem Wegfall des Informationsvorsprungs durch Vertriebserlöse zumindest ausgeglichen hätte. Auch das muss dem Medienbeobachter des frühen 21. Jahrhunderts irgendwie bekannt vorkommen.

Das Zeitungskriterium „Publizität", nicht aber jenes der Periodizität, erfüllten die „Fliegenden Blätter", in der Regel Einblattdrucke, die entweder auf dem Markt über der Schnur aufgehängt feilgeboten oder von „Marktschreiern" und „Umbträgern" in Schenken und auf der Straße unters Volk gebracht wurden. Als ältestes Blatt gilt ein in Fragmenten erhaltenes aus dem Jahre 1475, in dem es in Gedichtform um die Befreiung der von Karl dem Kühnen belagerten Stadt Neußa durch Kaiser Friedrich III. geht. Ein Prosablatt aus dem Jahr 1493 berichtet von den Trauerfeierlichkeiten für den nämlichen Kaiser.

Der Begriff „Zeitung" kam gegen Ende des 14. Jahrhunderts auf, zunächst bezeichnete er ein Ereignis, später erst den Bericht von einem solchen, die Wortwurzel stammt wohl aus dem Niederländischen, wo man es in der Bedeutung als Nachricht in „Theidung",

„Theiding" und „Tidnung" findet. Gedruckt fand man es erstmals, wie bereits ganz zu Beginn erwähnt, auf jenem Einblattdruck aus dem Jahr 1502 („newe zeytung von orient und auff gange"). Wenige Jahre später tauchte die Bezeichnung erstmals auch auf einem fliegenden Blatt auf: die *Copia der Newen Zeytung auss Presillg Landt* brachte Nachrichten aus dem 1500 von Pedro Alvarez Cabral entdeckten Brasilien.

Diese in der Regel zwischen vier und acht Quartblätter umfassenden Drucke funktionierten im Wesentlichen bereits wie die heutigen Medien: Sie berichteten zuerst in lateinischer, später in deutscher Sprache über besondere Staats- und Kriegsbegebenheiten, Seuchen, Hinrichtungen, Mordtaten, Naturwunder und seltene Himmelserscheinungen, Hexengeschichten und was sonst an grausigen Vorkommnissen verlockend und tauglich für den Absatz war.

Mitte des 16. Jahrhunderts bürgert sich die Nennung der Herkunft der Nachrichten bzw. der Zeitung an, was in Kombination mit der sich bereits ankündigenden, im 17. Jahrhundert in voller Blüte stehenden Titelüberladung zu ziemlichen Wortungetümen führen kann. Der Titel einer dieser frühen Zeitungen lautet: *Wahrhafftige Newe Zeitung von Mastricht [...] Darinnen fast die fürnehmbsten Ausfall, Schiessen, Scharmützeln und Stürmen, sampt andern verlauffnen sachen, von anfang der Belagern, bis auff den 13. Junii dieses 1579. Jahres, sich begeben und zugetragen haben, Aus der Stadt Achen, den 12. Junii, an einen guten freund geschrieben. Gedruckt zu Cöln, Im Jar 1579.*

Während sich also bei den unregelmäßig erscheinenden, sich aber an eine möglichst große Öffentlichkeit wendenden, mit Geschäftsmodell versehenen „Newen Zeitungen" der Druck schnell durchsetzte, blieben die „Briefzeitungen", die wiederum in ihrer frühen Periodizität den Vorläufercharakter für heutige Zeitungen beanspruchen können, bis weit ins 17. Jahrhundert hinein der Handschrift treu. Die kleinen Auflagen, in denen die Insiderinformationen der großen Kaufmannsherren in den elitären Zirkeln kursierten, konnten schneller und kostengünstiger von Schreibern produziert werden. Ungefähr so stellen sich die Edelutopisten des Mediengewerbes ja auch im 21. Jahrhundert die Zukunft der Zeitung vor: Das Internet ist die billige, reichweitenstarke Flugschrift von einst, während die gedruckte Zeitung zum exklusiven, handgefertigten, von kunstvoll arbeitenden Schreibern gefertigten Folianten wird. Der Engländer würde sagen: „We wish you well."

Vieles von dem, was vom 14. bis zum 16. Jahrhundert publiziert wurde, entspricht einer besonders schönen, weil nicht der Sicht des technischen Produzenten, sondern jener des Konsumenten geschuldeten Beschreibung dessen, was Zeitung ist und sein kann: „In stets wechselnden Ausdrucksformen, je nach Bedürfnis und Bildung, je nach den technischen Möglichkeiten, ob nun aus dem Munde des fahrenden Sängers, der Feder des Novellanten oder der Druckerpresse hervorgehend, immer schon suchte sich der Mensch ein Instrument zu gestalten, das sein kleines Ich in geistigen Zusammenhang bringt mit der eigenen Gegenwart und der ihn umgebenden Welt", konstatiert Heide.[6]

Auf dem Weg zur Produktreife

Damit dieses vielstimmige Instrument zur „Zeitung" werden konnte, mussten viele Dinge zusammenkommen: das neu erwachte Informationsbedürfnis der Märkte und der frühen, aus Italien kommenden Finanzindustrie, die zunehmend aufgeheizte Stimmung in den konfessionellen Auseinandersetzungen - und natürlich die vollkommen neue Art der Wissensvermittlung durch den Buchdruck. Auch die „Messrelationen" spielten dabei eine gewichtige Rolle. Diese „Relationes Semestrales" gehörten zu den stehenden Einrichtungen etwa der Frankfurter Frühjahrs-

und Herbstmesse, ihre Quellen waren wiederum teils die gedruckten Flugblätter und „Neuen Zeitungen", teils handschriftliche Nachrichten wie die wöchentlichen „Avisen", Kaufmannsbriefe und mündliche Nachrichten. Kurz: Das Nachrichtenwesen verdichtete sich rund um die Wende vom 16. zum 17. Jahrhundert zur Produktreife.

Publizität, Periodizität, Aktualität - das waren Heides Kriterien gewesen. Karl Böhmer fügte ihm ein viertes hinzu, sodass die bis heute gültige Definition nun lautet: „Unter Zeitung im weitesten Sinne des Wortes versteht man einen Nachrichtenträger, der seinen Ursprung aus dem Neuigkeitsbedürfnisse der Menschen herleitet, das in der Nachricht seine Substanz und durch das Auftreten von Schrift und Druck eine feste Form der Fixierung gefunden hat, und der dann in unmittelbarer Anpassung an den sozialen, geistigen und technischen Fortschritt der Zeit die Merkmale der Aktualität und Universalität, der Periodizität und Publizität in sich aufgenommen hat."[7]

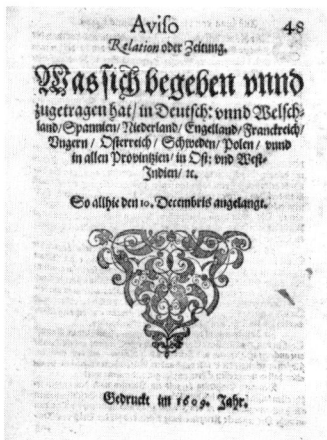

Galt lange Zeit ex aequo als älteste Zeitung der Welt: der *Aviso* von Wolfenbüttel, Jahrgang 1609.

Es gehörte sehr lange zum zeitungswissenschaftlichen Konsens, dass die Anfänge der ältesten gedruckten Zeitungen im vollen Sinn des Begriffes am Beginn des 17. Jahrhunderts in den Handelsstädten Augsburg und Nürnberg anzusiedeln sind. Der Postrat Friedrich Grimme hat es 1903 zu einiger Berühmtheit gebracht, als er in der seinerzeitigen königlichen Bibliothek von Hannover ohne jede zeitungswissenschaftliche, aber mit großer postgeschichtlicher Ambition einen Band mit zwei

„Aviso"-Jahrgängen aus den Jahren 1609 und 1610 fand. Lange ging man davon aus, dass der nicht genannte Druckort Augsburg sein müsse. Und zwar aus guten Gründen, denn tatsächlich wäre die Zeitungsgeschichte ohne diese Stadt ganz anders verlaufen. Augsburg war so etwas wie das Silicon Valley der deutschen Renaissance. Es war schon 1270 Freie Reichsstadt geworden, nachdem 1251 die Bürger in einem Aufstand gegen den Bischof gesiegt hatten. Die Zünfte, die sich 1368 eine Verfassung gaben, gewannen allmählich den größten Einfluss in der Stadtregierung und Augsburg eine führende Stellung im Schwäbischen Städtebund.[8] Im 16. Jahrhundert schließlich, also eben in der Vor- und Frühgeschichte der Zeitung, erreichte die wirtschaftliche und politische Entwicklung der Stadt ihren Höhepunkt. Die Fugger und die Welser hatten bereits Verbindungen zu den wichtigen Städten Europas, sogar in Übersee. Im Fondaco dei Tedeschi, dem deutschen Kaufhaus am Rialto in Venedig, nahmen die Augsburger die erste Stelle ein. 1519 hatten die beiden großen Handelshäuser die Kaiserwahl Karls V. finanziert, 1528 waren den Welsern Rechte auf Venezuela zugesprochen worden.

Es ist kein Zufall, dass die Entwicklung des Zeitungswesens mit dem ersten großen, vom Westen ausgehenden Globalisierungsschub und der ersten großen Kapitalakkumulation nach der Entwicklung des Finanzwesens zusammenfällt.[9] Die Fugger verfügten 1546 über ein Betriebskapital von fünf Millionen Gulden, das entsprach dem Fünffachen des damals größten italienischen Bankhauses, der Medici in Florenz. Sie erwarben Bergwerke in Ungarn und in Tirol, in ihrer Glanzzeit hatten sie in den wichtigsten Handelsstädten nicht weniger als 17 Faktoreien.

Mit den konfessionellen Auseinandersetzungen ist eine weitere Zutat zum historischen Rezept für die Entwicklung des Zeitungswesens angesprochen. Am 7. Oktober traf Luther in Augsburg ein, wo er vor Kardinal Cajetan seine 95 Thesen zum Ablass widerrufen sollte, für deren Verbreitung der bereits angesprochene, in

Bologna ausgebildete Jurist und frühere Wittenberger Akademie-Rektor Christoph Scheurl gesorgt hatte. Luther verweigerte nach einem zweitägigen Disput mit dem Kardinal den Widerruf und musste die Stadt heimlich verlassen, seine Lehren aber fanden in Augsburg rasch eine große Anhängerschaft.

Bereits 1519 gab es in Augsburg eine katholische und eine protestantische Partei. Im August 1520 beschied man elf Drucker auf das Rathaus, um ihnen zu erklären, dass sie ohne Wissen des Rates nichts drucken dürften, einige Jahre später mussten acht Drucker den Eid leisten, dass sie nichts ohne Angabe des Druckers und des Druckortes veröffentlichen dürften. Es kam auch zu Strafen: 1526 wurde Haug Marschalck als Verfasser einer Schrift zum Abendmahlsstreit, die für Unruhe gesorgt hatte, zu vier Wochen Haft im Turm verurteilt, sein Drucker Philipp Ulhart musste für acht Tage ins Gefängnis. Offiziell geschaffen wurde die ehrenamtliche, unentgeltliche Funktion des Zensors im August 1541, als allen Buchdruckern und Buchführern vor dem Rat eine gedruckte Verordnung vorgetragen wurde. Man berief oder „verordnete" gebildete Männer, um das neu geschaffene Amt auszuüben. Man kann verstehen, dass der Wunsch nach Anonymität im 16. Jahrhundert ausgeprägt war und es die Drucker vorzogen, ihren Namen nicht zu nennen und Augsburg nicht als Druckort anzugeben.

Es ist lehrreich und unterhaltsam, sich in die Argumentationen zu vertiefen, die nach Ansicht der frühen Vertreter der Zeitungswissenschaft für oder gegen Augsburg als Druckort des „Aviso" sprachen. Der Grund, warum einige Jahrzehnte lang die Augsburg-Hypothese führend war, lag eben in den nachgerade idealen Vorbedingungen, die in der Fugger-Stadt herrschten. Dennoch war die Hypothese unzutreffend. Es stellte sich heraus, dass der „Aviso" von dem Drucker Julius Adolph von Söhne unter Verwendung von Inhalten aus der Korrespondenz des Herzogs Friedrich Ulrich von Braunschweig-Wolfenbüttel herausgegeben wurde.

Die Gründungsurkunde

Erst gegen Ende der 80er Jahre des 20. Jahrhunderts stellte sich heraus, dass man auch in Bezug auf die „zweite älteste Zeitung der Welt" offensichtlich einem Irrtum unterlegen war: Die Straßburger *Relation* des Johann Carolus war nicht erst 1609 erschienen, sondern bereits 1605. *Und* 1987 fand man die *Unterthenige Supplication Johann Caroli Buchtruckers* aus dem Herbst 1605 an den Straßburger Rat, in welcher er um die „Freyheit", also das Privileg bzw. das örtliche Herstellungsmonopol für ein neuartiges Produkt, bat: eine gedruckte Zeitung im wöchentlichen Publikationsrhythmus. Johannes Weber, der mit seiner Publikation die Frühgeschichte der Zeitung umgeschrieben hat, nennt die *Supplication* die „Geburtsurkunde" der Zeitung, „die den Akt in vollkommen unmissverständlicher Weise dokumentiert".[10] Ebenfalls dokumentiert wird damit, dass am Beginn des Zeitalters der

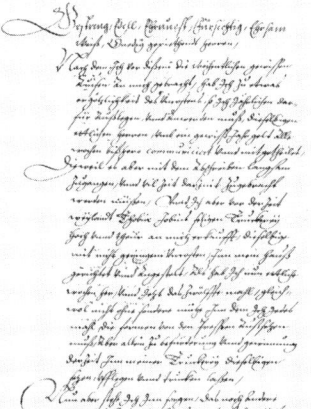

Erst 1987 entdeckt: Johann Carolus' *Supplication* (links) an den Straßburger Rat gilt als die „Geburtsurkunde" der Zeitung. Der erste erhaltene Jahrgang der *Relation* stammt aus 1609 (rechts).

Zeitungen der Journalismus, wie wir ihn heute verstehen, absolut keine Rolle spielte. Johann Carolus, der zwei bereits existierende Berufsbilder - den Drucker als massenhaften Kopierer identischer Texte und den „Avisenschreiber" oder „Zeitunger" - in seiner Person vereinigte, verstand sein Geschäft weiterhin als reines Dienstleistungsgewerbe, so wie er es schon als Avisenschreiber betrieben hatte.

Der Schritt hin zur modernen Zeitung, auch das erscheint im Rückblick aus dem 21. Jahrhundert interessant, war ein Schritt in Richtung unternehmerische Effizienz: „zu gewinnung der Zeit", wie es in seiner *Supplication* heißt, da es „mit dem Abschreiben langsam Zugangen". Carolus' Kalkulation war denkbar einfach gewesen: Die massenhafte Reproduktion würde zu einer drastischen Senkung der Stückkosten führen. Und der Bedarf lag deutlich höher als bei den 15 bis 20 Stück, die man nach herkömmlicher Arbeitsweise hatte herstellen können.

Zusätzlicher Kenntnisse bedurfte es ebenfalls nicht: Anders als ältere Periodika wie die semestralen Messrelationen bedurfte es in Carolus' Wochenzeitung keiner redaktionellen Auswahl und Bearbeitung, um sie in einen größeren Zusammenhang zu stellen. Die Meldungen gingen in der Ordnung ihres Eintreffens in Druck, „ohn einigen Zusatz / unnd Anderst nicht / das wie sie geschriben hierher khommen". Bis zur akuten Politisierung des Zeitungswesens wird dieses Prinzip gelten; es wird sich unter dem Begriff „copy/paste" nach der nächsten technologischen Revolution, nämlich der digitalen, wieder einschleichen: Die Zeitung bzw. das Medium hat der Wahrheitspflicht Genüge getan, wenn es die einkommenden Meldungen unverändert wiedergibt; die Prüfung des sachlichen Wahrheitsgehaltes, der Plausibilität oder auch nur der Seriosität ist nicht Sache des Verbreiters. Aus inhaltlich-publizistischer Sicht konnte man die neu entstandenen Wochenzeitungen durchaus als Rückschritt sehen: Für das Verfassen der früheren Gattungen hatte es deutlich höherer Qualifikationen - vor allem akademische Bildung - gebraucht als für das reine typografische Reproduzieren existierender Nachrichtenbriefe.

Halten wir also noch einmal fest, was die drei wichtigsten Bedingungen für die Entstehung der Vorläufergattungen und der modernen Zeitung selbst im rheinischen Gebiet des 16. und beginnenden 17. Jahrhunderts waren: Erstens das einfache Herstellungsverfahren auf der Seite der Produzenten; zweitens die Intensivierung des Handels und die Akkumulation von Kapital und die damit verbundenen Informationsbedürfnisse zumindest eines engeren Kreises von Nutzern; drittens das gesteigerte Interesse immer größerer Bevölkerungsschichten aufgrund einer veränderten politisch-historischen Weltlage.

Die Zeichen standen auf Sturm, spätestens mit der 1618 beginnenden Folge von dreizehn zum Teil miteinander verschränkten Kriegen, die wir heute als Dreißigjährigen Krieg kennen, wurde es mitunter lebenswichtig, über die politisch-militärischen Vorgänge auf dem Laufenden zu sein. Die Zeitung, schreibt Johannes Weber, sei zwar „kein eingeborenes Kind des Krieges", verdanke aber ihren historischen Durchbruch und ihre rasche Verbreitung den militärisch eskalierenden Konflikten jener mitteleuropäischen Katastrophe des frühen 17. Jahrhunderts. Dem engen Zusammenhang zwischen Zeitungskonjunkturen und kriegerischen Aktivitäten, der etwas weiter in die Tiefe reicht als bis zum geflügelten Wort „Only bad news are good news", werden wir noch öfter begegnen.

Der Dreißigjährige Krieg als Vater der Zeitungsdinge: Mit dem Prager Fenstersturz begann eine Periode, in der Informationen lebenswichtig wurden.

Man kann ihn jedenfalls auch an den Gründungsdaten der frühesten Wochenzeitungen ablesen: Nach 1605 in Straßburg und 1609 in Wolfenbüttel entstand 1610 eine Zeitung in Basel, 1615 eine in Frankfurt/M., 1617 in Berlin und 1618 in Hamburg. Mit dem Ausbruch des großen Kriegs nach dem Prager Fenstersturz kam es zu einer regelrechten Welle von Zeitungsgründungen: in Danzig, Freiburg/Br., Köln, Frankfurt/M., Wien, Königsberg und Zürich. Einen weiteren Schub von etwa einem Dutzend Zeitungsgründungen brachte der Kriegseintritt Schwedens und die Invasion 1630/31. Es war im 17. Jahrhundert nicht anders als im 21. Jahrhundert: Von ökonomischen Depressionen waren auch und vor allem die Zeitungsunternehmen betroffen. Der kriegsbedingte wirtschaftliche Niedergang der 1640er Jahre reduzierte das Zeitungswesen auf gut zwei Dutzend Blätter, am Ende des 17. Jahrhunderts waren es dann bereits wieder 60 parallel erscheinende Zeitungen. Das bedeutete, dass die Versorgung des Publikums mit aktuellen politischen Nachrichten im Deutschen Reich seit Mitte des 17. Jahrhunderts flächendeckend geworden ist.

Als nächster Schritt in der Entwicklung des Zeitungswesens lag die Frequenzverdichtung nahe. Immer mehr Zeitungen erschienen nicht mehr nur im wöchentlichen Abstand, sondern zwei bis drei Mal pro Woche. Die *Einkommenden Wöchentlichen Zeitungen* erschienen in Leipzig zwischen 1636 und 1643 bereits fünfmal wöchentlich. Leipzig war wenig später auch der Geburtsort der ältesten Tageszeitung der Welt: Seit dem 1. Juli 1650 gab hier der Drucker Timotheus Ritzsch sechsmal die Woche die *Einkommende Zeitung* heraus.

Ein weiterer Gradmesser für den erfolgreichen Verlauf der frühen Zeitungsgeschichte ist die Auflagenentwicklung. Die Frankfurter Postzeitung des kaiserlichen Postmeisters Johann von Birghden erreichte bereits in den 1620er Jahren eine Auflage von 450 Exemplaren. Zur selben Zeit druckte offensichtlich der Hamburger „Frachtbestätter" Johann Meyer, der Oberaufseher des Hamburger Frachtwesens, seine *Wöchentliche Zeitung auß mehrerley örther* in einer Auflage von 1.500 Stück. Die durchschnittliche Auflagenhöhe der im 17. Jahrhundert erscheinenden Blätter lag bei 350 bis 400 Exemplaren. Die Reichweite dieser Produkte war deutlich größer, weil sie von Hand zu Hand weitergereicht wurden, an manchen Orten bildeten sich regelrecht Lesegesellschaften. Besonders optimistische Schätzungen gehen davon aus, dass ab der Mitte des 17. Jahrhunderts 200.000 bis 250.000 Bewohner des Deutschen Reiches regelmäßig eine Zeitung gelesen haben. Das entspräche 20 bis 25 Prozent der Lesefähigen, deren Zahl etwa eine Million (von 15 Millionen Gesamtbevölkerung) betrug.

Asymmetrische Entwicklungen

Wie schon die Verbreitung des Buchdrucks 150 Jahre zuvor, so verlief auch die Entwicklung der Zeitung im gesamteuropäischen Vergleich asymmetrisch. Insgesamt erschienen im deutschsprachigen Raum im 17. Jahrhundert mehr Zeitungen als im restlichen Europa zusammen. Frank Bösch weist in seiner Mediengeschichte darauf hin, dass 1669 von den 32 europäischen Zeitungsstädten 17 im alten Reich lagen, während in Zentralstaaten wie Schweden, Dänemark, England oder Frankreich lediglich in der Hauptstadt Zeitungen gedruckt wurden.[11] Zunächst konzentrierte sich allerdings auch im Reich die Zeitungslandschaft auf den Süden und den Raum Sachsen-Thüringen. Im Kurfürstentum Hannover beispielsweise gab es bis ins 18. Jahrhundert kaum eine langlebige Zeitung - wegen der Restriktionen der Obrigkeit und der geringen Nachfrage.

Ähnlich früh und ähnlich umfangreich etablierte sich das Zeitungswesen ab 1618 in den Niederlanden. Es herrschten ähnliche Voraussetzungen wie im Reich: eine polyzentrische politische

Struktur und Kultur, verbunden mit konfessioneller Heterogenität und städtischem Wohlstand. In Italien hingegen kamen trotz des vorhandenen Reichtums und der fortgeschrittenen Alphabetisierung Zeitungen erst ab 1636 auf, weil die Obrigkeit es davor nicht zugelassen hatte, in Spanien erschien die erste Wochenzeitung im Jahr 1641.

Besonders zögerlich verlief die Ausbreitung, auch das eine Parallele zur Entwicklung nach der Erfindung des Buchdrucks, im Norden und Osten Europas. Die erste schwedischsprachige Zeitung erschien 1645, die erste dänische 1672, die erste polnischsprachige, eine Eintagsfliege übrigens, 1661. In Russland etablierten sich Zeitungen überhaupt erst im Zuge der Reformen Peters des Großen ab 1702, als Mobilisierungstool im Krieg gegen Schweden. Die kaum vorhandene bürgerliche Stadtkultur in jenen Regionen hatte eine vergleichsweise geringe potenzielle Leserschaft und damit wenig Gewinnaussichten zur Folge, sodass den Zeitungen und Zeitschriften, die dennoch auf den Markt kamen, in der Regel kein langes Leben beschieden war. In jenen Regionen Europas, die Teil des Osmanischen Reiches waren, entstanden die ersten Zeitungen sogar erst im 19. Jahrhundert, etwa in Bulgarien, wo es erst 1848 die erste Wochenzeitung gab.

Eines der Mittel, mit der die Obrigkeiten die Verbreitung von Zeitungen in den nord- und westeuropäischen Ländern auf einige wenige loyale Blätter eingrenzten (die erste französische Zeitung, *La Gazette*, war eng an den Kardinal Richelieu gebunden), war die Zensur. Im Laufe der Zeit lösten neue staatliche Zensurinstrumente wie der „Maitre de la libraire" die einschlägigen Institutionen von Kirche und Parlament ab.

Die wenigen loyalen Zeitungen verfügten also über ein Monopol, so wie das *Wiener Diarium*, das ab 1724 für 60 Jahre die einzige deutschsprachige Zeitung in der Donaumetropole war. Ihre Nachfolgerin verfügt noch heute über ein Monopol: Die Pflichtveröffentlichungen österreichischer Unternehmen dürfen weiterhin ausschließlich im „Amtsblatt" der von der Republik Österreich herausgegebenen *Wiener Zeitung* publiziert werden.

Die besonders große Zahl der dort erscheinenden Zeitungen ist ein Hinweis darauf, dass in dieser ersten Phase des Zeitungswesens die größte Pressefreiheit in den Niederlanden und im Heiligen Römischen Reich Deutscher Nation herrschte. In den Niederlanden wurden die existierenden Zensur-Erlasse von den unabhängig agierenden Städten kaum umge-

Regierungsorgan seit 300 Jahren: das *Wiener Diarium*, heute als *Wiener Zeitung* im Umlauf.

setzt. Im Reich galten zwar auch für die Zeitungen die für den Druck im Wormser Edikt von 1521 formulierten Vorzensurregeln, aber hier erleichterte wieder die polyzentrale Struktur eine eher lockere Handhabung durch die jeweiligen Obrigkeiten. Die zentrale Kontrolle wurde im Weg von Druckgenehmigungen ausgeübt, regelmäßige Texteingriffe oder gar Verhaftungen sind aus dieser Zeit kaum bekannt.

Besonders interessant in diesem Zusammenhang ist England: Hier existierten phasenweise beide Modelle, indem einerseits die *London Gazette* als offiziöse königstreue Zeitung für einige Jahrzehnte über ein Quasimonopol verfügte, andererseits aber, von dieser Phase abgesehen, die Pressefreiheit besonders rasch und früher als überall sonst etabliert wurde.

'

Gemeinsamkeiten

Trotz aller Differenzen inhaltlicher, infrastruktureller und politischer Natur wiesen die ersten europäischen Zeitungen in formaler Hinsicht starke Ähnlichkeiten auf. Wie bereits erwähnt, erfolgte die Zusammenstellung der Nachrichten nicht nach einem redaktionellen Konzept, sondern nach dem Zeitpunkt ihres Einlangens. Die Verständlichkeit muss für viele Leser ein erhebliches Problem gewesen sein, da es sich bei den Korrespondenten in der Regel um Fachleute handelte, die die entsprechenden Nachrichten ursprünglich für ihresgleichen verfasst hatten: Militärs und hohe Beamte, die nicht selten eine Nachricht zweimal abschickten, einmal - im Rahmen ihrer Dienstverpflichtung - an die vorgesetzten Stellen, einmal - gegen Gebühr - an die Zeitungsleute, die sie an ihr zahlendes Publikum weiterreichten.

Auch inhaltlich dominierten die Ähnlichkeiten: Frank Bösch[12] trägt aus unterschiedlichen Quellen Zahlen zur inhaltlichen Gestaltung der Zeitungen des 17. Jahrhunderts zusammen, die folgendes Bild ergeben: Es dominierten außenpolitische Nachrichten, während „local news" weniger als zehn Prozent des Platzes beanspruchten. Vornehmlich behandelte man die Ereignisse in den benachbarten europäischen Ländern, es fanden sich aber auch Nachrichten aus entfernteren Gegenden bis in den Orient und nach Amerika. Berichte über lokale Ereignisse fand man eher in den nach wie vor verbreiteten Einblattdrucken der *Newen Zeytungen*, die allerdings sehr oft in den gleichen Druckereien hergestellt wurden wie die neuen Periodika.

Dass in den Zeitungen kaum lokale Nachrichten vorkommen, dürfte der Angst vor der Zensur geschuldet sein. Die Forschung zeigt, dass in Phasen mit größerer Pressefreiheit tatsächlich die inländische und lokale Berichterstattung zunahm, zum Beispiel während des Englischen Bürgerkrieges der 1640er Jahre und während der Revolutionen von 1789 und 1848. Dass auch in den Zeitungsmärkten, in denen liberalere Dauerzustände herrschten wie in den Niederlanden, überwiegend über das Ausland berichtet wurde, zeigt aber, dass der Hauptgrund für diese Schwerpunktsetzung wohl das Interesse der Leser gewesen sein muss. Über die Neuigkeiten in der Region war man offensichtlich bereits durch mündliche Kommunikation und Flugschriften informiert. Den meisten Raum nahmen in den europäischen Zeitungen des 17. Jahrhunderts Nachrichten mit militärischen Bezügen ein, in den kampfintensiven Sommermonaten waren das im Reichsgebiet bis zu 80 Prozent aller Berichte, selbst in den Wintermonaten waren es noch an die 40 Prozent. Wirtschaftsnachrichten hingegen machten zumeist nur wenige Prozent des Gesamtumfangs aus und beschrieben in erster Linie ankommende Schiffsladungen oder Naturkatastrophen mit wirtschaftlichen Folgen.

Jedenfalls berichteten die frühen Zeitungen erstaunlich detailliert und kenntnisreich über die Ereignisse. Studien über den Westfälischen Frieden haben gezeigt, dass selbst Akten, die Historiker als geheime Quellen einstufen, in Zeitungen zu finden waren - WikiLeaks im 17. Jahrhundert? Ähnliches zeigte sich für die Niederlande am Beginn des Spanischen Erbfolgekrieges (1702-1713): Die Zeitungen waren genau so gut informiert wie die am besten informierten Politiker ihrer Zeit.

Über die Autoren und Korrespondenten dieser frühen Zeit weiß man relativ wenig, da die meisten aus Angst vor der Zensur anonym schrieben. Was die Herausgeber der frühen Zeitungsprodukte betrifft, scheint sich mit der neueren Forschung die Einschätzung, dass vor allem Postmeister Zeitungen herausgegeben hätten, zumindest zu relativieren, jedenfalls was das Heilige Römische Reich betrifft. Die Drucker sammelten die Meldungen selbst ein oder stellten einen Redakteur für diese Aufgabe ein, mitunter beschäftigten auch Gelehrte einen Lohndrucker. In Schweden hingegen spielten die Postmeister tatsächlich die zentrale Rolle, weil sie als Zeitungsherausgeber über eine Monopolstellung verfügten. Für Frankreich typisch ist die Abhängigkeit der Zeitungsmacher: Sie entstammten entweder

Der Postreiter - hier jener der *Neuen Zürcher Zeitung* - und der Postmeister sind mit der Geschichte der Zeitung eng verbunden.

der Familie des privilegierten Verlegers Théophraste Renaudot (er gründete 1631 die *Gazette de France*, die sich bis ins Revolutionsjahr 1789 hielt) oder waren mit staatlichen Pensionen bedachte Gelehrte.

Das 17. Jahrhundert als das erste Jahrhundert der Gattung war eine Erfolgsgeschichte. Die Zeitung entwickelte sich, von den absolut Herrschenden zunächst so nicht wahrgenommen, zu einem kontinuierlichen Medium frühbürgerlich-demokratischer Öffentlichkeit. Die Zeitung als pluralistisches Medium unterlief und konterkarierte die etablierten Systeme: „Deutsch und Volkssprache gegen Lateinisch und Formelsprache, Nüchternheit gegen die Gestaltungsmedien barocker Opulenz, Bürgerlichkeit und Zugänglichkeit gegen das Herrschaftsmonopol von Hof und Kirche, Heroisierung des Zeitungshelden statt des kirchlichen Hierarchien bzw. Monarchen, vor allem der Austausch genuin eigener Interessen quasi von unten", schreibt Werner Faulstich.[13]

Damit ergab sich erstmals eine Begriffsverschiebung, mit der wir es am Beginn des 21. Jahrhunderts noch einmal auf intensive Weise zu tun bekommen sollten: Aus dem komplementären Begriffspaar „öffentlich/geheim" wurde mit der Ausbildung der bürgerlichen Privatsphäre das Begriffspaar „öffentlich/privat". Geheimpolitik tendierte zum Betrug, der Herrscher zum Tyrannen, „Öffentlichkeit" hingegen begann zu jenem Symbol für Aufrichtigkeit und Gesetzlichkeit zu werden, das später in der Gedankenfigur der Medien als „vierte Gewalt" die entscheidende Rolle spielt.

Der Erfolg des neuen Mediums war im Übrigen so groß, dass sich um die Wende vom 17. zum 18. Jahrhundert die erste „Zeitungsdebatte" abspielte. Der vom Erfolg der Zeitungen ausgelöste Kulturschock kulminierte im Vorwurf der „Zeitungssucht". Man befürchtete eine Welle von Falschmeldungen, eine Beförderung der „schrecklichen Neugier" - und damit verbunden alles, was man damals mit dem bevorstehenden Untergang des Abendlandes assoziieren mochte: Sensationsgier, Umkehrung der sozialen Ordnungen, Verkehrung des Politischen und des Privaten.

450 Jahre später finden dieselben Debatten statt. Aus der „Zeitungssucht" ist die „Internetsucht" geworden, ernsthafte Menschen wie die britische Hirnforscherin Susan Greenfield, Baronesse und Mitglied des House of Lords, befürchten extrem negative Auswirkungen des exzessiven, nicht mehr kontrollierbaren und also mit Suchtverhalten gleichzusetzenden Konsums vor allem des boomenden Spiele-Anteils am Netz der Netze. Allerdings weiß man heute mehr über „Sucht" und Greenfields Ergebnisse, die klar in Richtung einer Veränderung und Schädigung der Gehirne Spiel- und Netzsüchtiger hindeuten, sie können nicht mehr nur als kulturpessimistisches Geschwätz abgetan werden.

So wie es heute Verteidiger der Nutzung der neuen Medien gibt - die weisen dann auf die frappierenden reaktiven Fähigkeiten hin, die junge Menschen in ihren Online-Spiele-Sessions erwürben -, griffen auch am Ende des 16. Jahrhunderts Verteidiger des Neuen in die Debatte ein: Kaspar Stieler publizierte 1695 *Zeitungs Lust und Nutz*, Johann Peter von Ludewig im Jahr 1700 *Vom Gebrauch und Missbrauch der Zeitungen*.

Frühe Impulse aus England

Deutschland bzw. das Heilige Römische Reich Deutscher Nation war die Wiege der Zeitungen, auch was die ökonomischen, gesellschaftlichen und politischen Voraussetzungen für die Entstehung einer bürgerlichen Öffentlichkeit betraf. Die kräftigsten Schritte der Weiterentwicklung ging man im Lauf des 17. Jahrhunderts allerdings in England.[14] Dort wurde die erste Zeitung 1621 gedruckt, aber niederländische Drucker hatten bereits 1620 in Amsterdam englische (und französische) Wochenzeitungen gedruckt und exportiert. Die älteste Zeitung in englischer Sprache wurde also in Amsterdam gedruckt, von einem Kupferstecher namens Pieter van der Kerre, der einige Jahre in England gelebt hatte, und sie begann mit einer Entschuldigung: „The new tydings out of Italie are not yet come." Welche Umwege diese Nachrichten gingen, zeigt eine weitere Nachricht aus dieser ersten Ausgabe: „Out of Ceulen, the 24 of November. Letters of Neurenburg oft he 20 of this present, make mention, that they had advise from the Borders of Bohemia, that there had been a very great Battel by Prage". Das Ganze musste dann noch in Amsterdam übersetzt, gedruckt und verschifft werden und war trotzdem die zeitnaheste Nachricht, die in England bis dahin veröffentlicht worden war.

Das größte Problem für die frühen Verleger von Wochenzeitungen war, genug Nachrichten zu haben, um der „expectation of weekly Newes" gerecht zu werden, die einer von ihnen konstatierte. Oft genug schafften sie es nicht, sodass sie später erscheinen mussten. Der Name „Newspaper" wurde in England erst in den 1670er Jahren geläufig, die erste Wochenzeitung hieß *Corante, or weekly newes from Italy, Germany, Hungary, Poland, Bohemia, France and the Low Countreys*. Als Drucker kommen, nachdem er nur die Initialen „NB" angab, Nathaniel Butter oder Nicholas Bourne in Frage, beide gehörten zu den ganz frühen publizistischen Figuren, die oft konkurrierten, gelegentlich aber sogar zusammenarbeiteten.

Wie auf dem Kontinent, so waren zunächst auch in England kaum lokale Nachrichten in den Zeitungen zu finden. Und wie auf dem Kontinent hatte das auch in England mit den strengen Regulativen der Obrigkeit zu tun. Dieses Arrangement änderte sich erstmals in den Jahren vor dem Ausbruch des Englischen Bürgerkrieges. Im Kampf zwischen dem von Oliver Cromwell geführten Parlament und König Charles I. erlangten nationale Nachrichten plötzlich eine neue, größere Bedeutung. Und die Zeitungen fühlten sich angesichts der bröckelnden Autorität des Königs ermutigt, sie auch zu publizieren. Die erste Zeitung, die das Wagnis einging, war im November 1641 eine kleine Wochenzeitung mit dem damals noch üblichen umständlichen Titel *The Heads of Severall Proceedings In This Present Parliament*. Bald gab es Mitbewerber auf diesem Feld, einer von ihnen bemerkte in jenen Tagen: „And now by a strange alteration and vicissitude of the times we talk of nothing else but what is done in England".

Die Publikation nationaler Nachrichten war freilich nicht die einzige Innovation, die das englische Zeitungswesen in den 1640er Jahren hervorbrachte: Englische Zeitungen verfertigten erstmals Titel für ihre Berichte, sie illustrierten sie mit Holzschnitten, beschäftigten eine Frau - „a she-intelligencer" - zum Einsammeln der Nachrichten, und sie setzten „newsboys" und „newsgirls" ein, um ihre Erzeugnisse in den Straßen zu verkaufen. Außerdem waren sie die Ersten, die in ihren Wochenzeitungen in den offenen Wettbewerb mit den Flugblättern traten, was die Berichterstattung über Verbrechen und andere Sensationen betraf. 1469 hatten sie eine besonders aufregende Geschichte zu bieten: „This day the King was beheaded, over against the Banquetting house by White-Hall".

Als der König, gegen den man sich die Pressefreiheit erstritten hatte, enthauptet war, war es mit ihr allerdings wieder zu Ende: Oliver Cromwell erlaubte, um seine Macht konsolidieren zu können, nur einigen loyalen Zeitungen das Erscheinen. Einer seiner treuen Beamten hatte fünf Jahre zuvor den ersten großen Appel für die Pressefreiheit formuliert, wenngleich er dabei weniger die Zeitungen als die Bücher im Sinn gehabt hatte: John Miltons *Areopagitica*, ein an das englische Parlament gerichteter Traktat, in dem der Dichter (sein berühmtestes Werk ist das epische Gedicht *Paradise Lost*) und frühe Aufklärer sich gegen die 1643 wieder eingeführte Vorzensur („licensing") wendet, gilt als eines der Gründungsdokumente der Pressefreiheit.

Die Pressefreiheit wird exportiert: Amerika

Es sollte bis 1688 dauern, bis die Pressefreiheit von den englischen Zeitungen im Lauf der „glorious revolution" wiedererobert werden konnte. 1695 wurde die Zensur endgültig abgeschafft - und damit fasste der Gedanke, dass die Presse eine wichtige Funktion erfülle und das Recht haben müsse, die Regierung zu kritisieren, endgültig Fuß. Sehr bald wurde er auch in die amerikanischen Kolonien exportiert. Am 25. September 1690 wurde in Boston *Publick Occurrences, Both FOREIGN and DOMESTICK* gedruckt. Die erste Geschichte in der ersten gedruckten Zeitung Amerikas hätte passender wohl nicht sein können: „The Christianized Indians in some parts of Plimouth, have newly appointed a day of thanksgiving to God for his Mercy". Die erste Ausgabe der *Publick Occurrences* war auch schon die letzte, denn ihr Herausgeber, Benjamin Harris, war ein übel beleumundeter Mann. Er hatte sich bereits in England als Herausgeber von Sensationsprodukten versucht, war ins Gefängnis geworfen und dann zur Flucht nach Amerika gezwungen worden, wo er in der ersten Ausgabe seiner Zeitung auch eine spekulativ-explosive Geschichte über ein angebliches katholisches Komplott gegen England publizierte. Die Behörden von Massachusetts drückten ihr „high resentment and disallowance" aus - und damit war Harris' Übersee-Verlegerkarriere schon wieder zu Ende.

Die erste Zeitung auf amerikanischem Boden erschien genau ein Mal.

Der nächste Versuch einer gedruckten amerikanischen Zeitung geriet nach europäischer Tradition: Der *Boston News-Letter* wurde 1704 zum ersten Mal gedruckt, hatte aber bereits zuvor als handschriftliches Produkt existiert. Herausgeber war der Postmeister der Stadt, John Campbell. Er verlor 1719 sein Amt, weigerte sich aber, die Zeitung aufzugeben, woraufhin sein Nachfolger als Postmeister, William Brooker, seine eigene Zeitung herausgab. Die *Boston Gazette* erschien erstmals am 21. Dezember 1719. Schon einen Tag später kam in Philadelphia die dritte erfolgreiche Zeitung Amerikas auf den Markt: der *American Weekly Mercury*.

Der Wandel von der rein chronologisch berichtenden Zeitung zum „Kreuzzugs-Journalismus", von der Angst vor der Zensur zum politischen Kampf, ging in den Kolonien noch schneller vor sich als im englischen Mutterland, das wiederum den Gründungsmärkten im alten Reich und in den Niederlanden weit voraus gewesen war. Der Erste, der einen journalistischen Kreuzzug auf amerikanischem Boden initiierte, war James Franklin, der Herausgeber der dritten Zeitung in Boston, des 1721 erstmals erscheinenden *New England Courant*. Gegenstand seiner Kampagne war die Impfung, die man in jenem Jahr in Boston erstmals zur Bekämpfung der grassierenden Pockenepidemie zum Einsatz gebracht hatte. Franklin bekämpfte die Impfkampagne, Cotton Mather, einer der mächtigsten Männer der Stadt, befürwortete sie. Bereits ein Jahr später nahm sich Franklin die Kolonialverwaltung vor, die er beschuldigte, zu wenig gegen die Piraten zu unternehmen, die die Gegend unsicher machten. Der Herausgeber des *New England Courant* landete dafür im Gefängnis.

Später wurde James Franklin gerichtlich verboten, den *New England Courant* zu drucken oder herauszugeben, also machte er offiziell seinen minderjährigen Bruder Benjamin zum Herausgeber, der sein Mündel war. Benjamin nutzte seine Chance, der Vormundschaft zu entkommen, er setzte sich, nachdem er sich mit seinem Bruder überworfen hatte, zunächst nach New York und dann nach

Zeitungspionier und Gründervater
der Vereinigten Staaten:
Benjamin Franklin (1706-1790).

Philadelphia ab. Nach einem unerfreulichen Aufenthalt in London übernahm er 1729 die *Pennsylvania Gazette* und machte sie zu einer der besten Zeitungen in den Kolonien. Es war der Beginn einer ziemlich eindrucksvollen Karriere: Benjamin Franklin gehörte zu den Gründervätern der Vereinigten Staaten, er war einer der Mitautoren der Unabhängigkeitserklärung und vertrat sein Land in Frankreich, wo er an jenem „Frieden von Paris" mitwirkte, der den Unabhängigkeitskrieg beendete.[15]

Zeitungen im Kampf um die Unabhängigkeit

Franklins Lebensspanne umfasste fast das gesamte 18. Jahrhundert, seine Biografie ist auf das Engste mit der amerikanischen Unabhängigkeitsbewegung verbunden. Er selbst verstand sich, obwohl er sich bereits in der Mitte seiner Jahre aus dem Geschäftsleben zurückgezogen hatte, zeitlebens als Drucker. Und so ist in der Person Franklins auch die Rolle eingeschrieben, die Zeitungen auf dem Weg zur amerikanischen Unabhängigkeit spielten. Es steht in der Forschung außer Frage, dass sie ohne deren aktive Rolle keinesfalls so früh hätte errungen werden können.

1727 erschien die *Maryland Gazette* in Annapolis, 1736 die *Virginia Gazette* in Williamsburg, 1765 hatte außer Delaware und New Jersey jede Kolonie ihre eigene Wochenzeitung. In Boston erschienen vier Zeitungen, in New York drei, in Philadelphia ebenfalls, eine davon in deutscher Sprache. Die erste New Yorker Zeitung war 1725 von William Bradford gegründet worden, jenem Mann, den Benjamin Franklin auf seiner Überfahrt nach London 1724 kennengelernt hatte und bei dessen Sohn Andrew er in Philadelphia seine erste Stelle bekommen hatte. Bradford agierte nach dem alten Muster: Keine Konflikte mit der kolonialen Obrigkeit.

Aber der Gouverneur von New York, William Cosby, war eine kontroversielle Figur, die vielen einflussreichen New Yorkern ein Dorn im Auge war. Sie brachten den deutschstämmigen Drucker Johann Peter Zenger dazu, mit dem *New York Weekly Journal* eine Zeitung herauszubringen, die sich auf die Kolonialverwaltung einschoss. Der Gouverneur ließ Zenger wegen aufrührerischer Ehrenbeleidigung verhaften. Der Richter machte den Geschworenen vor Prozessbeginn klar, dass Kritik an der Regierung auch dann ehrenrührig sei, wenn sie zutreffe. Zengers Anwalt, Andrew Hamilton, appellierte leidenschaftlich an die Geschworenen, die Sache der Freiheit zu verteidigen, „die Freiheit, Willkürmacht sowohl aufzuzeigen als auch zu bekämpfen durch das gesprochene und das geschriebene Wort". Doch die Geschwornen ignorierten die Instruktionen des Richters und sprachen Zenger frei.

Dieses Urteil war ein wichtiger Schritt in Richtung Pressefreiheit auf amerikanischem Boden, es hatte sehr direkte Auswirkungen auf die Bereitschaft britischer Behörden, amerikanische Journalisten gerichtlich zu verfolgen, auch wenn die Kritik an der Regierung immer intensiver wurde. Nach dem Zenger-Prozess mussten die Briten fürchten, keine amerikanischen Geschworenen mehr zu finden, die einen amerikanischen Journalisten verurteilen würden.

Das Haupthindernis für die Pressefreiheit war im England des 18. Jahrhunderts die Stempelsteuer gewesen, die zu einer deutlichen Erhöhung der Zeitungspreise geführt und diese für einkommensschwächere Schichten unleistbar gemacht hatte. Der „Stamp

Act" wurde im britischen Parlament 1765 beschlossen und sollte auch in den amerikanischen Kolonien Gültigkeit haben. Die Amerikaner protestierten, manche Zeitungen wie das *Pennsylvania Journal* erschienen in Grabstein-Optik und kündigten an, dass sie sterben müssten, aber auf eine Wiederauferstehung hofften. Bald erschienen die amerikanischen Zeitungen wieder ohne den geforderten Steuerstempel und es geschah - nichts. Das Gesetz ließ sich nicht durchsetzen und wurde bald aufgehoben. Ähnliches passierte, als die Kolonialmacht Steuern auf den Import von Glas, Blei, Tee und Papier einheben wollte. Die Kolonien kämpften auf allen diesen Feldern erfolgreich, sodass 1770 alle Zölle außer jener auf Tee aufgehoben wurden.

Während aller dieser Protestwellen gegen die Briten erschienen manche amerikanische Zeitungen mit großen Holzschnitten von zerteilten Schlangen auf den Titelseiten: Diese sollten symbolisieren, wie schwach die Kolonien wären, wenn sie geteilt blieben, statt sich gegen die Kolonialherren zusammenzutun; sie zeigten Särge, die die Opfer des „Boston Massacre" (bei einer Protestversammlung gegen die neuen Zölle hatten britische Soldaten in die Menge gefeuert und fünf Zivilisten getötet) repräsentierten; sie publizierten Listen mit „Landesfeinden", die weiterhin boykottierte englische Waren importierten; sie veröffentlichten Serien radikaler Essays von John Dickinson oder Thomas Paine; und sie nannten die britischen Behörden „serpents" („Schlangen"),

Die „Söhne der Freiheit" griffen zu drastischen Mitteln: Bericht über das „Boston Massacre".

„guileful betrayers" („arglistige Betrüger"), „diabolical tools of tyrants" („Teufelswerkzeug der Tyrannen") und „men totally abandoned to wickedness" („Männer, die sich vollständig der Schlechtigkeit überlassen haben").

Natürlich waren nicht alle Zeitungen in den Kolonien auf der Seite der antibritischen „Söhne der Freiheit". Das bekam ihnen nicht besonders gut, und man sieht daran - wie schon bei Oliver Cromwells Vorgehen gegen die britischen Zeitungen nach der Enthauptung von Charles I. -, dass es mit der Freiheitsidee rasch zu Ende gehen kann, wenn die Freiheitskämpfer an die Macht gekommen sind. John Rivingston zum Beispiel gab den *New York Gazetteer* heraus, eine der am besten gemachten Zeitungen in den Kolonien. Er war eher probritisch eingestellt, gab aber auch den „Patrioten" Raum, ganz im Sinne seines Prinzips einer „offenen und unbeeinflussten Presse". Je mehr Druck die Freiheitssöhne machten, desto deutlicher bezog Rivingston Position für die Briten. Nach Ausbruch des Unabhängigkeitskrieges zerstörten sie seine Druckerei, sperrten ihn ein und zwangen ihn, eine Loyalitätserklärung zugunsten des Kontinentalkongresses zu unterzeichnen.

Was die amerikanischen Zeitungen im 18. Jahrhundert taten, hatte die Welt noch nicht gesehen. Zeitungen als Speerspitzen des Umsturzes, das ist bis auf den heutigen Tag eine schwierige Position: Anders als Flugschriften und Pamphlete mussten und müssen Zeitungen regelmäßig erscheinen, ihre Herausgeber konnten und können sich vor den Autoritäten nicht verstecken, und als Eigentümer mittelständischer Unternehmen haben sie üblicherweise ein gewisses Interesse an der Stabilität der Verhältnisse, sympathisieren also, wenn man so will, strukturell mit dem Konservativismus. Zeitungen neigen eher dazu, sich als Mittel des Zusammenhaltes einer Gesellschaft zu verstehen. Gerade in den aktuellen Debatten über die Zukunftsfähigkeit von traditionellen Medienunternehmen gilt „community building" als eines der wichtigsten Überlebensrezepte.

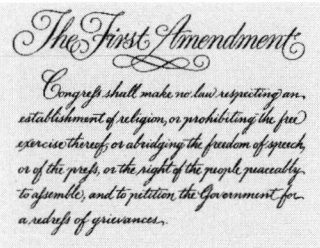

Im ersten Zusatz zur Verfassung der Vereinigten Staaten wurde die Meinungs- und Pressefreiheit garantiert.

Am Ende, kann man sagen, haben sich auch die amerikanischen Zeitungen des 18. Jahrhunderts mit den Autoritäten arrangiert - aber nicht sofort. In den unruhigen Jahren nach der Revolution blieben Zorn und Aufruhr bestimmende Elemente in den amerikanischen Zeitungen. Beide Parteien, Föderalisten und Republikaner, hatten ihre je eigenen Zeitungen, und die zeigten keinerlei Respekt für die Ansichten der je anderen Seite. Als George Washington 1796 sein Amt niederlegte, las man in der *Aurora*, einer republikanischen Zeitung in Philadelphia, die von einem Nachkommen Benjamin Franklins herausgegeben wurde: „Der Mann, der die Quelle allen Unglücks für dieses Land ist, wird heute auf das Maß seiner Mitbürger reduziert und ist nicht länger besessen von der Macht, das Böse für die Vereinigten Staaten zu vervielfachen."

Die Pressefreiheit war zwar nicht in der Originalverfassung von 1787 enthalten, aber sie wurde Teil des 1791 verabschiedeten ersten von zehn „Amendments". Dennoch wurde den „Federalists" die Kritik der republikanischen Journalisten und Herausgeber bald zu viel - sie versuchten sie mundtot zu machen. Und so kam es 1798 zur größten Einschränkung der Pressefreiheit in der Geschichte der Vereinigten Staaten, dem „Sedition Act", der „jede falsche, skandalöse und böswillige Berichterstattung gegen die Regierung der Vereinigten Staaten", den Kongress oder den Präsidenten, „mit dem Ziel, sie verächtlich zu machen oder in Verruf zu bringen", mit Geld- und Gefängnisstrafen bedrohte. Zumindest 15 Zeitungsleute wurden schuldig gesprochen in einer Sache, der sich ein halbes Jahrhundert zuvor im Fall Zenger die Geschworenen verweigert hatten.

Es war Thomas Jefferson, der dem ein Ende setzte. Man sagt, dass er 1800 nicht zuletzt deshalb zum Präsidenten gewählt wurde, weil er zu erkennen gegeben hatte, dass er den „Sedition Act" außer Kraft setzen würde. „Ich habe mich bewusst zum Subjekt eines großen Experiments gemacht", schrieb Jefferson 1807, „um die Falschheit der Annahme zu demonstrieren, dass die Freiheit der Presse mit ordentlicher Regierungsausübung unvereinbar sei."

Dieses große Experiment wurde begonnen, als auf dem europäischen Kontinent von Pressefreiheit noch lange keine Rede sein konnte. Es dauert, auch wenn es - etwa in Kriegszeiten - gelegentlich ausgesetzt wurde, bis heute an. Und es ist, gerade in den Vereinigten Staaten und in England, wo die Pressefreiheit so früh verwirklicht wurde, nach Ansicht vieler Medienmacher heute so gefährdet wie lange nicht.[16]

„Bürgerliche Öffentlichkeit"

Auf dem europäischen Kontinent verlief das 18. Jahrhundert, was die Entwicklung der Zeitung betrifft, deutlich weniger aufregend. Erst in seinem letzten Viertel, im Vorlauf zur Französischen Revolution, entwickelten die Zeitungen die politische Kraft, die in den amerikanischen Kolonien schon sehr früh zur Entfaltung gekommen war. Davor fand das statt, was die Gesellschaftswissenschaften die Herausbildung der „bürgerlichen Öffentlichkeit" nennen. Auf ihr fußt Jürgen Habermas' Konzeption des „Strukturwandels der Öffentlichkeit", der zufolge sich die bürgerliche Teilöffentlichkeit über eine „literarische Öffentlichkeit" zur gesamtgesellschaftlich dominanten Öffentlichkeit verändert habe (siehe die Grafik auf Seite 29).

Wie erwähnt, gibt es gegen diese Konzeption eine Reihe von Einwänden - beginnend mit der Tatsache, dass vieles von dem, was Habermas als entscheidende Entwicklungen des 18. Jahrhunderts beschreibt, bereits im 16. und 17. Jahrhundert begonnen hat -, aber Einigkeit besteht doch darüber, dass das 18. Jahrhundert die Zeit war, in der es zur medialen Formation der bürgerlichen Öffentlichkeit kam. Die Zeitung spielte dabei zunächst aber nicht die zentrale Rolle in dem Medienverbund aus Zeitung, Brief, Flugblatt, Buch und vor allem Zeitschrift, der als Trägerrakete für die gesellschaftliche Expansion des Bürgerlichen fungierte.

Die Innovationen im Zeitungsmarkt selbst fanden eher in den Vereinigten Staaten statt - und etwas abgeschwächt in England. Dort nahm der Anteil an lokaler und „sensationeller" Berichterstattung und journalistischer Parteinahme früher zu als auf dem Kontinent, auch die Entwicklung des Anzeigengeschäftes setzte früher ein. Als eine der wenigen deutschen Zeitungsinnovationen des 18. Jahrhunderts führt Frank Bösch[17] die Einführung einer Art Kulturteil im *Hamburgischen unpartheyischen Correspondent*, in dem der Typus des „gelehrten Artikels" mitetabliert worden sei. Nun ja.

Eine wirkliche mediale Innovation waren die sogenannten „Intelligenzblätter", die sich neben Zeitungen und Zeitschriften als eigene Gattung entwickelten. Etwa 200 davon erschienen im deutschsprachigen Raum ab 1722. Sie brachten zunächst wöchentlich, dann halbwöchentlich Stellen-, Geburts- und Todesanzeigen, aber auch Werbung für Literatur. Als Erster erwirkte der Frankfurter Buchdrucker Anton Henscheidt vom dortigen Senat ein zwölfjähriges Privileg, ein solches Anzeigenblatt herauszugeben. Das tat er unter folgendem Titel: *Wochentliche Frankfurter Frag- und Anzeigungs-Nachrichten, von allerhand in und außerhalb der Stadt zu verkauffen und verkauffen, zu verleyhen und lehnenseyenden, auch verlohrenen, gefundenen und gestohlenen Sachen; Sodann Persohnen, welche Geld lehnen, oder ausleyhen wollen, Bedienungen oder Arbeit suchen, oder zu vergeben haben etc.*[18] Ein echter Dauerbrenner ist das Modell der regionalen Billig- oder Gratisanzeigenblätter. Heute verdanken sie ihr funktionierendes Geschäftsmodell der flächendeckenden Gratis-Verbreitung, bereits im 18. Jahrhundert hatten sie wegen des günstigen Preises im Vergleich zu den Zeitungen eine relativ hohe Verbreitung: 500 bis 1.000 Exemplare, während sich die durchschnittliche Auflage der Wochenzeitung vom 17. zum 18. Jahrhundert auf 600 verdoppelt hatte. Ihre Reichweite lebte davon, dass sie in öffentlichen Gebäuden, Auslagen und per „Zwangsdebit" von Gasthäusern, Behörden, Amtspersonen, Klöstern und Krankenhäusern bezogen wurden. Publiziert wurden sie zwar von Privatpersonen, als Herausgeber trat aber, besonders in Preußen, der Staat auf, der sich dort 1727 das Monopol auf Anzeigen und damit auch auf die Intelligenzblätter sicherte. Heute müsste man eher von regionalen Quasi-Monopolen reden: Die Gratis-Anzeigenblätter sind in der Regel Teil eines größeren Medienverbunds und dienen dazu, Verluste aus dem Tageszeitungsgeschäft abzudecken.

Die prägendste mediale Innovation des 18. Jahrhunderts war allerdings die Zeitschrift. Sie hat entscheidend mitgeholfen, den geistigen Boden der Aufklärung zu bereiten, und sie war maßgeblich beteiligt an der Entwicklung dessen, was man später die „bürgerliche Öffentlichkeit" nennen sollte. Der formale Unterschied zur Zeitung ist in den 300 Jahren der Koexistenz gleich geblieben: Die Zeitschrift hat eine geringere Frequenz, ist daher also weniger auf aktuelle und allgemeine, sondern auf spezialisierte Inhalte ausgerichtet. In heutiger Sprache: Die Zeitung bietet „general interest", die Zeitschrift bietet „special interest". Beim Versuch einer Antwort auf die Frage, was in journalistischen Zusammenhängen „ewiges Leben" verspricht, wird diese Unterscheidung noch eine ziemlich große Rolle spielen.

Unter den frühen Spezialgebieten, die medial mit einer Zeitschrift abgedeckt wurden, waren Philosophie, Literatur und Wissenschaft, daneben etablierten sich die „moralischen Wochenschriften". Die wichtigsten Impulse dafür kamen einmal mehr von den Britischen Inseln, aber auch aus dem frühaufklärerischen Frankreich: Das 1665 erstmals in Paris erschienene *Journal des scavans* gilt als die erste wissenschaftliche Zeitschrift, knapp gefolgt von der im selben Jahr erschienenen *Philosophical Transactions.* Was Literatur und Unterhaltung betrifft, war der französische *Mercure Galant* (erschienen 1672) stilprägend, bei den moralischen Wochenschriften der *Tatler* (1709) und der *Spectator* (1711). In Deutschland wurden diese Vorbilder ziemlich unverändert übernommen: Aus dem *Female Tatler* wurde die erste deutsche Frauenzeitschrift: *Die vernünftigen Tadlerinnen*; aus dem *Female Spectator* wurde *Die Zuschauerin* und aus dem *Lady's Museum* das *Museum für Frauenzimmer*.

Die Deutschen holten gründlich auf, das neue Medium Zeitschrift verfügte im deutschsprachigen Raum bald über die größte Verbreitung, bis 1830 zählte man insgesamt 7.000 verschiedene Zeitschriftentitel, von denen freilich der größere Teil nur für kurze Zeit auf dem Markt war. Aus heutiger Sicht sind an dieser Phase der Medienentwicklung zwei Dinge besonders interessant: Erstens die zielgruppenspezifische Ausdifferenzierung - und hier besonders der Umstand, dass Frauen erstmals dezidiert als Zielgruppe angesprochen wurden -, die „die Öffentlichkeit" als eine Art Arrangement sehr unterschiedlicher Öffentlichkeiten erscheinen lässt; zweitens die Tatsache, dass wir es erstmals mit einem gut dokumentierten Phänomen der Medienkonvergenz zu tun haben.

Im 18. Jahrhundert kamen Zielgruppen, etwa die Frauen, in den Blick. Auch hier wurde in England Pionierarbeit geleistet.

Frauenzeitschriften kamen in England um 1700 auf, im Zentrum ihres Angebots standen Ratschläge zur Lebensführung. Schon die erste Frauenzeitschrift der Welt, *The Ladies Mercury* von 1693, versprach Antworten auf „all the most nice and curious questions concerning love, marriage, behaviour, dress, and humor of the female sex, whether virgins, wives or widows".[19] Später gaben sie sich häufig als weibliche Gegenstücke zu etablierten Zeitschriften aus, wie der bereits erwähnte *Female Tatler* oder der *Female Guardian*.

In anderen Ländern entwickelten sich die Frauenzeitschriften langsamer und/oder später, in Frankreich etwa gab es überhaupt nur eine von dauerhaftem Bestand, nämlich das *Journal des dames* (1759-1778). Man führt das hauptsächlich darauf zurück, dass durch die höheren Freiheitsgrade, die in der englischen Gesellschaft etabliert waren, auch Frauen früher die Möglichkeit hatten, sich publizistisch zu betätigen und als Zielgruppe interessant zu sein. Das amerikanische Beispiel spricht freilich gegen diese These: Hier entstanden erste Frauenmagazine erst 1792/93 mit *The Lady's Magazine*. Die Inhalte deutscher Frauenzeitschriften waren deutlich weniger „sensationell" und orientierten sich, mit wenigen Ausnahmen, deutlicher an der bürgerlichen Rollenverteilung der Geschlechter: Frauen sollten nicht durch Schreiben und Lesen ihre Aufgaben im Haus vernachlässigen.

Der Konvergenzprozess[20], aus dem sukzessive die Zeitschrift entstand, bezog die bisher etablierten Medien ein. Vom Brief übernahm sie die eingeschränkte Lesergruppe, von der Zeitung die periodische Kontinuität, vom Buch die interessensspezifische Themenzentrierung, vom Flugblatt die Tendenz zur Visualisierung - später wurden die Illustrationen durch Fotografien ersetzt, was in weiterer Folge die heutige Gestalt von Zeitschriften und Illustrierten hervorbrachte.

Dass sich im 18. Jahrhundert tatsächlich so etwas wie ein Selbstverständnis bürgerlicher Öffentlichkeit herausbildete, hat nicht nur mit der schieren Existenz von zielgruppenspezifischen Medien mit unterschiedlichsten thematischen Schwerpunkten zu tun, sondern auch und vor allem mit den sich verändernden Gewohnheiten der Lektüre, besonders der gemeinsamen Lektüre. Auch Habermas verortete ja die Entstehung der bürgerlichen Öffentlichkeit in den englischen Kaffeehäusern des beginnenden 18. Jahrhunderts und ihrer Debattenkultur samt einem Selbstverständnis der englischen Presse als „vierte Gewalt". Über die Kritik und teilweise Widerlegung von Habermas' Theorie ist hier nicht zu reden, wohl aber darüber, dass die gemeinsame „öffentliche" Lektüre zur Konstitution von Öffentlichkeit beiträgt - allerdings nicht notwendigerweise: In Wien etablierte sich die Kaffeehauskultur ab 1683, aber der durchgängige Absolutismus unterband jedes Entstehen einer kritischen Öffentlichkeit.

Lokale Lesegesellschaften und Leihbibliotheken spielten eine besondere Rolle in der gemeinsamen Mediennutzung. Auch diese Einrichtungen entstanden zuerst in England - und in Amerika, wo Benjamin Franklin eine der ersten Leihbibliotheken in Philadelphia gründete -, fanden dann aber in Deutschland besonders große Verbreitung. Es handelte sich im Wesentlichen um Zusammenschlüsse von Bürgern zu dem Zweck, Zeitungen, Zeitschriften und Bücher aus Kostengründen und aus Gründen der so entstehenden größeren Auswahl für den Einzelnen gemeinsam anzuschaffen und dann in eigens gemieteten Gasträumen oder Wohnungen gemeinsam zu lesen. Es ging wohl unter anderem um den kritischen Abgleich unterschiedlicher Inhalte, wenn man bedenkt, dass in manchen dieser Lesegesellschaften bis zu zwei Dutzend verschiedene Produkte historisch-politischen, geografischen und anderen populärwissenschaftlichen Inhalts bestellt wurden, auch aus den Nachbarländern England, Frankreich und Italien.

Auf diesem Feld zeigt sich ebenfalls das bereits mehrmals erwähnte West-Ost-Gefälle: Im Westen des Reiches expandierten die Lesekabinette, während es in Böhmen bis in die ersten Jahrzehnte des 19. Jahrhunderts dauerte und in Russland überhaupt bis in die zweite Hälfte des 19. Jahrhunderts, weil solche Einrichtungen während der bis 1855 dauernden Regierungszeit von Zar Nikolaus I. nicht denkbar gewesen wären.

Von 1780 bis heute - die *Neue Zürcher Zeitung*

Der Weg, der in Europa im 18. Jahrhundert von den Anfängen bürgerlicher Selbstvergewisserung über die Aufklärung zur Französischen Revolution führte, verlief nicht in allen Gebieten des Kontinents gleichmäßig - England hatte die „glorious revolution" bereits hinter sich, in Amerika fand sie 1776 statt, allerdings in einem deutlich anderen, nicht absolutistischen Umfeld. Und gegen Ende des Jahrhunderts entstand die erste Zeitung, die noch nach 230 Jahren das ist, was sie als „Schöpfung der Zürcher Aufklärung" bereits 1780 war: ein Teil des „Kulturguts der Willensnation Schweiz". So jedenfalls beschreibt Hugo Bütler, deren langjähriger Chefredakteur, das Wesen der 1780 gegründeten *Neuen Zürcher Zeitung* (so hieß sie ab 1821, bis dahin bloß *Zürcher Zeitung*).

In seinem Buch über die Geschichte der *NZZ* von 1780 bis 2005, aus dem auch das Bütler-Zitat stammt, beschreibt Thomas Maissen, inzwischen Geschichtsprofessor, zuvor langjähriger *NZZ*-Mitarbeiter, diesen Weg durch das 18. Jahrhundert aus Schweizer Sicht.[21] Die Ingredienzien früher Medienentwicklung - kapitalistische Blüte, konfessionelle Spannungen und bürgerliches Erwachen - waren im nur 10.000 Einwohner zählenden Zürich in besonderer Weise konzentriert.

Zu Beginn des 18. Jahrhunderts waren an die Stelle des „uomo universale" die gelehrten Sozietäten als Vehikel der kollektiven Selbstaufklärung getreten, in weiterer Folge kam es durch den Druck und Austausch von Zeitschriften zu nationalen und internationalen Vernetzungen und zur Bildung von Dachgesellschaften wie der „Helvetischen Gesellschaft" (1761), der auch Salomon Gessner, der Gründungsherausgeber der *NZZ*, angehörte. In einer Zunftstadt, die zumindest innerhalb der bürgerlichen Eliten über vergleichsweise demokratische Strukturen verfügte, dienten die Bildungs- und Lesegesellschaften nicht zuletzt dazu, den Nachwuchs aus den regimentsfähigen Familien auf spätere Verwaltungsämter vorzubereiten. Diese Aufgabe hatten anderswo die adelig-höfische Erziehung oder die juridischen Fakultäten übernommen. Von den mehr als 100 Zeitschriften, die auch in der Schweiz im 18. Jahrhundert das Rückgrat der sich aus den vertrauten und geschlossenen Zirkeln herausbildenden bürgerlichen Öffentlichkeit waren, erschienen mehr als die Hälfte in Zürich.

Der Schaffhausener Historiker Johannes Müller war 1777 einer der Ersten gewesen, der eine Definition von „öffentlicher Meinung" angeboten hatte. Und zwar als „Volksstimme", die „vermittelst einer unerhörten Lektur" von den Philosophen auf Politiker, Soldaten, Frauen, „in die geringste Werkstätte und in die einsamen Alpen" entstanden sei und „deren steigender Laut und Nachdruck der Schrecken der Despoten, das Gesetz bürgerlicher Vorsteher, ein wirksamer Trost für Unrechtleidende, und bey fallender politischer Freyheit für ganz Europa die letzte große Hoffnung wird."[22]

Die erste Nummer der *Zürcher Zeitung* erschien also im Januar 1780, redigiert von Salomon Gessner, einem der Mitbegründer der „Helvetischen Gesellschaft", Nachfahre jenes David Gessner, der mehr als ein Jahrhundert früher (1672) die *Montags-Zeitung* herausgebracht hatte, welche ebenfalls von Salomon Gessners Verlag herausgegeben wurde. Im Zeitungskopf sah man den heute noch als Symbol für die *NZZ* geltenden Postreiter. Für die ersten drei Tage sprengte er nach rechts weg, dann nach links. Fortan, bis ins 21. Jahrhundert, war ein solcher Wechsel Ausdruck dafür, dass die Redaktion bzw. die redaktionelle Leitung gewechselt hatte.

Sie wurde 1780 gegründet und ist noch immer eine Marke von Weltrang: die *Neue Zürcher Zeitung*.

Wie in den anderen Zeitungen auch beschränkte sich die Berichterstattung auf außergewöhnliche Unglücksfälle, Verbrechen, Ungeheuer und Naturkatastrophen, politische Informationen über die eidgenössischen Kantone oder Zürich fehlten ebenso wie Ernteberichte oder Meldungen über Wechsel- und Kornpreise. Letztere wollten einflussreiche Wechsler und Kaufleute nicht abgedruckt sehen, Erstere die Zensur: Sie verbot, was der reformierten Glaubenslehre widersprach oder „der Ehre und ruhe Unsers politischen Standes nachtheilig" war. Allerdings erlaubten es die Auslandsmeldungen, neues Gedankengut zu propagieren, etwa den aufgeklärten Absolutismus Josephs II. Spätestens bei der Französischen Revolution begannen sich die Geister zu scheiden. 1785 bis 1795 war mit Philipp Wolf ein Rousseau-Anhänger redaktioneller Leiter des Blattes gewesen, auch der Paris-Korrespondent war

den Neuerungen gegenüber zumindest zu Beginn sehr aufgeschlossen, was dazu führte, dass am 26. August 1789 die Erklärung der Menschen- und Bürgerrechte in einer ersten Fassung abgedruckt wurde. Der Artikel *Die Pressefreyheit ist die stärkste Stütze der öffentlichen Freiheit* konnte in der damaligen Eidgenossenschaft durchaus als unerhört gelten.

In London erschien einige Jahre nach der Gründung der *Zürcher Zeitung* die *Times*. Aber auch dieses historisch bedeutende Blatt hatte zunächst anders geheißen: Gründer John Walter nannte es *The Daily Uni-*

Eine der Ikonen der Zeitungsgeschichte: Ab 1788 hieß das einige Jahre zuvor gegründete Blatt *The Times*.

versal Register, ab dem 1. Januar 1788 nannte er seine Zeitung *The Times*. Ihren späteren Weltruf konnte die Zeitung erst unter der Herausgabe von Walters Sohn John jr. ab 1803 erwerben. Bereits der Vater aber hatte den durchaus mit Schwierigkeiten verbundenen Versuch unternommen, von Parteien und Regierung unabhängig zu bleiben. Man hatte ihm verboten, die Regierungspaketschiffe für seine Korrespondenzen zu nutzen, woraufhin er einen eigenen Dienst mit Fahrzeugen, Brief- und Eilboten organisierte.

Die *Times* steht freilich weniger für die politische Rolle der Zeitungen während der revolutionären Ereignisse der 1790er Jahre, eher für den Beginn eines neuen Zeitungsbooms im Zusammenhang mit der industriellen Revolution: Sie wurde im Herbst 1814 als erste Zeitung der Welt mit einer dampfbetriebenen Schnellpresse gedruckt, die von Friedrich Koenig und Andreas Friedrich Bauer in Deutschland hergestellt worden war. Es handelte sich dabei um einen Meilenstein in der Geschichte: Mit der Möglichkeit, 1.100 Exemplare pro Stunde zu drucken, wurde die Ära der Massenblätter eingeläutet. Doch wieder zurück zur Französischen Revolution.

Die Revolution und ihre Kinder

Ganz eindeutig hatten Zeitschriften, Zeitungen und einzelne Journalisten in ihrem Vorfeld keine auch nur annähernd so bedeutende Rolle gespielt, wie das bei der „american revolution" der Fall gewesen war. Auch auf die Ratifizierung der Verfassung hatten die als *Federalist Papers* bekannt gewordenen 85 Zeitungsartikel, die ein Autorenkollektiv unter Führung von Alexander Hamilton unter dem Pseudonym „Publius" in New Yorker Blättern veröffentlichte, entscheidenden Einfluss gehabt. In Frankreich hingegen wurde von den Zeitungen bis 1784 kaum Kritik am Ancien Régime geäußert, dafür ließen die rigide Lizenzierungspolitik und die

- Ende der 1750er Jahre und 1776 noch einmal verschärfte - Zensur nicht genügend Spielraum.

So beschränkte sich in Frankreich die Rolle der „offiziellen" Zeitungen darauf, durch Berichte aus Amerika - die Franzosen hatten sich im Unabhängigkeitskampf mit den Kolonien gegen die Engländer verbündet - alternative Staats- und Gesellschaftsformen aufzuzeigen. Eine Schlüsselrolle spielten stattdessen die Untergrundmedien: Pamphlete, Einblattdrucke und Skandalchroniken über die sexuellen Eskapaden der Herrschenden dienten zur Mobilisierung der Massen, sie waren gewissermaßen die gedruckte Fortsetzung einer auf Gerücht und Tratsch ausgerichteten, einer mündlichen Öffentlichkeit. Auf ihre Weise trugen sie ebenso zur Säkularisierung des Monarchischen bei wie die Schriften der Aufklärer.

Die Erklärung der Bürger- und Menschenrechte am 26. August 1789, in der auch die Pressefreiheit als Menschenrecht festgehalten wird, führte zu einer in der Weltgeschichte bis dahin nie dagewesenen Explosion von Presseprodukten. Während der ersten drei Revolutionsjahre entstanden jedes Jahr mehr als 300 Zeitungen und Zeitschriften, bis zum Ende des Revolutionsjahrzehntes 1799 wurden neben 2.000 Zeitungen und Zeitschriften an die 40.000 Flugschriften veröffentlicht. Allein Louis-Marie Prudhomme, der 1789 *Les Revolutions de Paris* herausgab, soll schon im Vorfeld der Revolution 1.500 Pamphlete verfasst haben. Seitenanzahl und Auflagenhöhen schnellten in die Höhe (die *Gazette universelle* druckte täglich 11.000, das *Journal de Soir* 10.000 Exemplare), statt der bisher dominierenden Außenpolitik standen nun natürlich die heimischen Ereignisse im Mittelpunkt der Aufmerksamkeit. Zwischen Nachrichten und Meinungen wurde nicht mehr wirklich getrennt.

Das deutete an, dass sich mit den Ereignissen von 1789 auch das Selbstverständnis der Journalisten geändert hatte: Sie waren nun nicht mehr Chronisten der Ereignisse, sondern politische Erzieher

Eine Ausgabe der Revolutionszeitung *L'Ami du peuple* mit dem Blut ihres ermordeten Herausgebers Jean-Paul Marat (1743-1793).

und Volksführer geworden. Die radikaleren Journalisten sahen sich als Richter oder als investigative Kämpfer gegen die Konterrevolutionen, Selbstbilder, die auch 200 Jahre später im postrevolutionären, spätindustriellen, postdemokratischen 21. Jahrhundert noch durchaus im Umlauf sind. Wie in den Vereinigten Staaten war nun in Frankreich der Journalismus zum politischen Karrieresprungbrett geworden. Das berühmteste Beispiel für einen Journalisten, der zur Schlüsselfigur der Revolution geworden war, ist wohl Jean-Paul Marat mit seinem Blatt *L'Ami du peuple*.

Wie in Amerika wirkten Printmedien parteibildend, sie wurden zu Kristallisationspunkten unterschiedlicher Clubs mit unterschiedlichen Perspektiven, unter denen dann der Gesetzgebungsprozess und andere öffentliche Entscheidungen wie die Hinrichtung des Königs oder die Kriegserklärung diskutiert wurden. Zunächst profitierte von der neuen Pressefreiheit auch die monarchistische Presse, die von 1790 an versuchte, Protestkampagnen zu lancieren. Die Blüte der Pressefreiheit und des Medienmarktes währte allerdings nicht lange: 1792 wurde eine neue Zensur eingeführt, um zunächst einmal die monarchistische Presse zu unterdrücken. Und die Jakobiner taten das, was die absoluten Herrscher zuvor auch gemacht hatten: Sie subventionierten ihre eigenen Medien. Es dauerte nicht lange, bis die ersten Journalisten und Verleger unter die Guillotine kamen, weil konterrevolutionäres Schrifttum zum Kapitalverbrechen geworden war.

Zu diesen Ereignissen passt eine weitere frühe Definition der „öffentlichen Meinung", sie stammt vom jungen Friedrich Schlegel und findet sich in dessen Lessing-Aufsatz, erschienen 1797 in der Zeitschrift *Lyceum*: „Die Macht einer öffentlichen und alten Meinung zeigt ihren Einfluss auf solche Männer, welche selbständig urteilen könnten; der Strom zieht auch sie mit fort, ohne dass sie es nur gewahr werden. Oder wenn sie sich widersetzen, so geraten sie dann in das andere Extrem, alles unbedingt zu verwerfen."[23] Jochen Hörisch spitzt Schlegels Analyse noch weiter auf die Gegenwart zu: Herrschende Meinung, schreibt er, sei „dazu da, beeinflusst, gestürzt und neu gebildet zu werden". Fest stehe jedenfalls, „dass die ‚herrschende Meinung' nicht länger feststeht, wenn ihr die öffentliche Meinung in die Quere kommt".

Das Hin und Her zwischen Modernisierung und Restauration, das ab den frühen 1790er Jahren einsetzte, betraf nicht nur Frankreich, sondern ganz Europa. Nachdem es zunächst fast überall auf dem Kontinent zu einem Aufblühen des publizistischen Diskurses gekommen war, setzte ab Mitte des Jahrzehnts so gut wie überall die Gegenbewegung ein. Man wird sich nicht darüber wundern, dass insbesondere in Österreich ab 1793 die Zensur verschärft und die Polizeistelle zur Pressekontrolle wiederbelebt wurde. Sogar Lesekabinette wurden verboten. Preußen zog mit und verabschiedete Gesetze gegen „Aufruhr entfachende Schriften".

Napoleon als Vorbild

Im Mutterland der Revolution selbst lockerte sich die Situation mit der Hinrichtung Robespierres etwas, sodass sogar die politische Rechte wieder ein gewisses Maß an öffentlicher Präsenz erringen konnte, aber nach dem Staatsstreich Napoleon Bonapartes im November 1799 kehrte die Zensur, zunächst schrittweise, zurück. Das „Bureau de la presse" des Polizeiministers überwachte die

Zeitungen, die ohnehin nicht hätten gedruckt werden können, wenn sie nicht über eine Lizenz verfügten. Ab 1799 wurden vom Regierungsorgan *Le Moniteur* die Texte auch für die verbliebenen zugelassenen Blätter vorgegeben, was im Zuge der napoleonischen Eroberungen dazu führte, dass es zu Beginn des 19. Jahrhunderts ein zentralisiertes europäisches Mediensystem mit einem einzigen Referenzpunkt, nämlich *Le Moniteur*, gab: Napoleon ließ in den Rheinbund-Staaten den Großteil der Zeitungen einstellen, der Rest musste zweisprachig erscheinen und wurden vom französischen Regierungsorgan versorgt.

In der Zeit der napoleonischen Kriege etablierten sich in den Zeitungen propagandistische Techniken und, eng damit verbunden, nationalistische Tendenzen. Der preußische Reformer und spätere Staatskanzler Karl August Freiherr von Hardenberg forderte bereits 1807, man müsse „die öffentliche Meinung mehr ehren und bearbeiten, durch zweckmäßige Publizität, Nachrichten, Lob und Tadel usw.", um „eine Aufregung von patriotischem Enthusiasmus" zu erreichen.[24] Der österreichische Fürst Metternich sah das ähnlich; beide hatten die Technik von Napoleon gelernt: Es ging um eine autoritäre Strategie, die Öffentlichkeit als Instanz aufzuwerten, um die Durchsetzung des eigenen Handelns aufzuwerten. In der politischen Wissenschaft heißt das Phänomen immer noch „Bonapartismus": Noch 200 Jahre nach Napoleon werden Versuche, im

3.ᴱ BULLETIN
DE LA
GRANDE ARMÉE.

Kowno, le 26 juin 1812.

Napoleon Bonaparte wurde mit seinen *Bulletins de la Grande Armée* zum eifrig nachgeahmten Pionier der medialen Propaganda.

kontinentaleuropäischen Raum ein Mehr an „direkter Demokratie" zu etablieren, von Kritikern mit dem Hinweis auf Napoleons autoritär-plebiszitäre Taktiken abgelehnt.

Zunächst ahmten die Preußen und Österreicher zur Mobilisierung und Motivation von Volk und Armee Napoleons *Bulletins de la Grande Armée* nach, in denen Proklamationen, Statistiken und Kriegslieder abgedruckt wurden. Die Idee, dass Zeitungen einen entscheidenden Beitrag zur Nationsbildung leisten können, war naheliegend: Das Wissen darum, dass Millionen Menschen zur gleichen Zeit die gleichen Inhalte konsumierten, erzeugte ein Gefühl der Gemeinschaft, außerdem förderte es die gemeinsame Sprache, man betrachtete die selben Landkarten, die einem zeigten, welcher Nation man angehörte. Die Zeitungen trugen damit zur nationalen Kanonbildung bei, die während der napoleonischen Kriege in erster Linie durch negative Völkerstereotypen und Abgrenzung funktionierte.

Aktionistische Performances wie das Verbrennen von französischen Medien unterstützten das medial-nationalistische Projekt, nationalistische Schriftsteller wie Ernst Moritz Arndt oder August Kotzebue publizierten in Massenblättern, gleichzeitig fanden Schleichermachers *Predigten* oder Fichtes *Reden an die deutsche Nation* ihre gedruckte Verbreitung. In Deutschland hatten zwischen 1780 und 1825 Zeitungen Titel wie *Teutscher Mercur, Deutsche Chronik, Pomona für Teutschlands Töchter* oder *Journal von und für Deutschland*. Um für den Krieg gegen Frankreich zu mobilisieren, ließ man 1813/14 neue nationalistische Medien zu. Nicht nur die preußische Regierung, auch die russische Armee hatte in den befreiten Gebieten die Zensur außer Kraft gesetzt und damit einen Zeitungsboom ausgelöst. Der Aufruf des preußischen Königs Friedrich Wilhelm III., *An mein Volk*, in der *Schlesischen Privilegierten Zeitung* wurde vielfach nachgedruckt.

Auch in Lateinamerika lässt sich ein Zusammenhang zwischen nationalistischen Unabhängigkeitsbewegungen und Zeitungsgründungen erkennen. Die Anfang des 19. Jahrhunderts in Mexiko entstandenen Zeitungen engagierten sich im dortigen Unabhängigkeitskampf, der 1822 mit der Abdankung des spanischen Vizekönigs endete. In Kolumbien und Bolivien gab es ebenfalls zahlreiche Zeitungen, die sich im Unabhängigkeitskrieg auf die Seite von Simon Bolivar stellten, der 1824 zum Diktator von Alto-Peru (Hoch-Peru) ernannt worden war. 1825 wurde die Republik gegründet und nach dem „Libertador" Bolivien genannt. In Brasilien stellte sich die Situation eher umgekehrt dar: Erst nach der Unabhängigkeit von 1822 kam es zu einem Anstieg der Zeitungsgründungen, und wie in vielen anderen postrevolutionären Gesellschaften übernahmen sie eine wesentliche Funktion in der Ausbildung der unterschiedlichen Parteien.

Nach Napoleons endgültiger Niederlage folgte in Westeuropa Schritt für Schritt eine Phase der Restauration. Die Bundesakte als Teil der Wiener Kongressakte hatte vorgesehen, dass es in Bezug auf die Pressefreiheit zu einem einheitlichen Vorgehen kommen sollte, aber manche Bundesstaaten gewährten relativ liberale Bedingungen, manche begnügten sich mit der Nachzensur. Aber die Revolutionsangst nahm zu, die Repression wurde stärker. Die Ermordung des Schriftstellers und russischen Generalkonsuls August von Kotzebue durch den Theologiestudenten und Burschenschafter Karl Ludwig Sand galt als Fanal. 1819 wurden unter der Ägide Metternichs die Karlsbader Beschlüsse gefasst, die im Deutschen Bund zu einheitlichen und drastischen Einschränkungen führten. Es herrschte Vor- und Nachzensur, das Spitzelwesen blühte und wurde zum Charakteristikum dieser Restaurationsphase und des auf die Julirevolution von 1830 folgenden „Vormärz".

Durch den Vormärz

Auch wenn Möglichkeiten gesucht und gefunden wurden, der Zensur durch Verlegung des Druckortes in relativ liberale Bundesstaaten zu entgehen und man dazu überging, die Verbreitung politischer Ideale in Berichten über Ereignisse im Ausland, besonders in England und den Vereinigten Staaten, zu verstecken, kam es zu einer publizistischen und ökonomischen Verödung des Zeitungswesens innerhalb des Bundesgebietes. Stattdessen florierte die Publikation von Dekreten und Hofnachrichten.

Der Protest gegen die zunehmende Repression entlud sich in Frankreich im Sommer 1830, als König Charles X. durch seine „Juli-Ordonanzen" die Pressefreiheit und den Wahlzensus weiter einschränkte. 44 Redakteure von zwölf Zeitungen plakatierten am 27. Juli eine Protestnote, die die Straße gegen die Regierung mobilisierte. Eine entscheidende Rolle spielte dabei die im selben Jahr gegründete Zeitung *Le National*. Ihr Herausgeber, Adolphe Thiers, gehörte zu den Schlüsselfiguren des Aufstandes, der mit der Vertreibung der Königsfamilie und der Einsetzung des „Bürgerkönigs" Louis-Philippe endete. Thiers brachte es in den 30er Jahren zu Ministerehren, 1871 wurde er der erste Staatspräsident der Dritten Republik. Auch im Vereinigten Königreich der Niederlande, wo sich unter dem Einfluss der Pariser Julirevolution die Flamen und Wallonen im katholischen Süden gegen den protestantisch dominierten Norden erhoben, waren ein Journalist und seine Zeitung Träger der Reformforderungen: Der antiklerikale Redakteur Louis de Potter vom *Courier des Pays-Bas* schmiedete ein Bündnis zwischen Liberalen und Katholiken. Das Haus des Herausgebers des königstreuen Blattes *Le National* war Ziel der ersten gewaltsamen Proteste, der ersten Regierung des in der Revolution entstandenen Staates Belgien gehörten zahlreiche Journalisten an.

Im Gebiet des Deutschen Bundes kam es 1830 nicht zur Revolution, aber die Pariser Revolution führte zu einer Wiederbelebung der Nationalbewegung und zu stürmischen Versammlungen in einzelnen Staaten. Diese Repolitisierung gipfelte im „Hambacher Fest", dessen Schlüsselfiguren die Journalisten Philipp Siebenpfeiffer und Georg August Wirth waren. Siebenpfeiffer, der sein Blatt *Rheinbayern* programmatisch in *Deutschland* umbenannt hatte, und Wirth, dessen *Deutsche Tribüne* trotz laufender Zensur und zahlreicher Prozesse weiter erschien, gründeten 1832 den „Deutschen Vaterlandsverein zur Unterstützung der freien Presse" und organisierten ein als Volksfest angemeldetes Treffen in Hambach. Das „Hambacher Fest", bei dem 30.000 Teilnehmer für Pressefreiheit und einen deutschen Nationalstaat sowie gegen Polizeiwillkür eintraten, war auf den ersten Blick kein Erfolg: Die Repression siegte, viele Journalisten wurden verhaftet und/oder mussten ins Exil - die Zensur wurde sogar weiter verschärft. Aber das „Hambacher Fest" politisierte junge Schriftsteller wie Heinrich Heine oder Georg Büchner, die wir heute als „Das junge Deutschland" kennen, es war gewissermaßen ein Leuchtfeuer, dessen Schein bis ins Revolutionsjahr 1848 reichte.

Auch diese Revolution, die mit der Gründung der Zweiten Republik endete, breitete sich von Paris aus, wo aus dem liberalen Bürgerkönig Louis-Philippe ein Mitglied der Heiligen Allianz und aus dem berühmten Motto „Enrichez vous" ein soziales Problem geworden war. Und auch diesmal spielten die Zeitungen bereits im Vorfeld eine wesentliche Rolle. In etlichen Staaten waren die Zensurregeln etwas gelockert worden, und so erzielten jene Medien, die über die ersten lokalen Proteste berichteten, eine Verstärkerwirkung, die liberalen Kräfte sammelten sich einmal mehr um die liberalen Blätter. In Paris hielt sich in diesem Jahr jener Mann auf, der im Sommer desselben Jahres in Wien, dem Zentrum der Restauration, die bedeutendste Zeitungsgründung nicht nur dieses Revolutionsjahres vornehmen sollte: August Zang.[25]

Ein Kind der 1848er-Revolution - *Die Presse*

Zang war nach einer eher erfolglosen Karriere auf dem Wiener Immobilienmarkt 1838 nach Paris gezogen und hatte dort durch die rein maschinelle Herstellung von Backwaren das große Geld gemacht. Er geriet in den Bann des Pariser „Königs der Journalisten", Emile de Girardin. Der Herausgeber von *La Presse* verdankte den Erfolg seines Blattes - und die gesellschaftliche Stellung, die er dadurch errungen hatte, also jener Aspekt, der August Zang vermutlich am Meisten interessierte - jenen Innovationen, die Zang später in Wien kopieren sollte: niedriger Verkaufspreis, die Annahme von Anzeigen, das tägliche Feuilleton und der Roman. Als Zang in Paris von den Wiener März-Ereignissen, dem Sturz Metternichs und der Aufhebung der Zensur erfährt, bereitet er seine Familie auf die Rückübersiedelung nach Wien innerhalb kürzester Zeit vor.

Zurück in Wien, wirft sich Zang zunächst mit zwei voluminösen Flugblättern in das revolutionär-publizistische Getümmel, das in diesen Monaten bereits vollkommen unübersichtlich ist: Neue Publikationen entstehen - wie in vielen anderen Städten in Deutschland auch - im Dutzend und verschwinden ebenso schnell wieder. Im Freiheitsrausch veröffentlicht jeder, der es sich leisten kann, irgendetwas. Zang aber erkennt, worauf es ankommt: Mitten in diesem Chaos ein Produkt auf den Markt zu bringen, das inhaltlich weder

August Zang (1807-1888) kehrte 1848 aus Paris nach Wien zurück und gründete *Die Presse* nach französischem Vorbild.

Ein Kind der Revolution, das sein Überleben der Professionalisierung verdankt: Erstausgabe der *Presse* vom 3. Juli 1848.

mit den reaktionären Kräften noch den revolutionären Eiferern gemeinsame Sache macht und zugleich den allgegenwärtigen Dilettantismus durch journalistische Professionalität ersetzt. Mit Leopold Landsteiner, den er noch aus den Pariser Tagen in der Umgebung de Girardins kennt, findet er den geeigneten Chefredakteur.

Auf den neben der Geldgier häufigsten Vorwurf, dass nämlich Zangs Gründung, die er nach dem Pariser Vorbild *Die Presse* nannte, eigentlich ein reaktionäres Blatt sei, antwortete er, indem er an die Spitze jeder Ausgabe das Motto „Gleiches Recht für Alle" setzen ließ. Und im ersten Leitartikel hieß es zeitlos aktuell: „Wir sind Demokraten im eigentlichen Sinn des Wortes, wir lieben das Volk, aber wir achten es auch, wir sind der Überzeugung, dass die große Pflicht der Presse darin besteht, die Geister in das öffentliche Leben einzuführen, dem Bürger des erneuten Staates unparteiisch die strenge Wahrheit zu zeigen und zu sagen, und durch Belehrung aller Klassen eine Art geistige Gleichheit anzustreben, ohne welche die Gleichheit vor dem Gesetze, dieser heiligste Grundsatz unserer Zeit, fast immer Täuschung wird."

August Zang, der nicht nur ein innovativer Geschäftsmann, sondern auch ein ambitionierter „homo politicus" war - in dieser Hinsicht erinnert er an amerikanische Zeitungsgrößen wie Randolph Hearst oder Joseph Pulitzer -, gelang es dank seiner guten Kontakte zum späteren Innenminister, Graf Stadion, im Unterschied zu vielen anderen Publikationen, die kritischen Oktobertage des Jahres 1848 zu überstehen. Während der 50er Jahre bewegte sich *Die Presse*, die inzwischen deutlich nach links gerückt war, etliche Male am Rande des Verbots, aber Zang konnte das dank seiner guten Kontakte zum Polizeiminister von Kempen immer verhindern.

Bekanntlich ist die Revolution von 1848 gescheitert. In der Paulskirchen-Verfassung von 1849 hatte es zwar in Artikel IV noch geheißen, dass „Jeder Deutsche [...] das Recht" habe, „durch Wort, Schrift, Druck und bildliche Darstellung seine Meinung frei zu äußern", aber die damit verbundene Medienexpansion wurde - wie schon nach den Revolutionen von 1789 und 1830 - durch eine Phase der Restauration abgelöst, viele Zeitungen verschwanden wieder, Journalisten wurden erneut verhaftet und/oder zur Emigration gezwungen. Dennoch, und *Die Presse* unter August Zang ist dafür eines der wichtigsten Beispiele auf dem europäischen Kontinent, gab es keine Rückkehr zu den alten Verhältnissen. Nicht nur *Die Presse* überlebte - wenn auch ab 1864, nachdem sich die Chefredakteure Michael Etienne und Max Friedländer vom allzu gierig gewordenen Gründer getrennt hatten, mit der *Neuen Freien Presse* eine übermächtige Konkurrenz entstand -, auch viele andere Publikationen schafften es, in den geänderten Verhältnissen, die stärker waren als die restaurativen Ambitionen der Herrschenden, zu überleben.

Der Beginn des „Goldenen Zeitalters"

Wodurch zeichnen sich diese neuen Verhältnisse aus, was waren die Hauptgründe dafür, dass mit der Mitte des 19. Jahrhunderts jene Dynamik einsetzte, die zur Etablierung von „Massenpresse" und „Massenmedien" führte? Werner Faulstich[26] identifiziert vier „Schlüsselphänomene":

Erstens einen erneuten Bevölkerungsboom von 29,3 (1830) auf 56 Millionen Menschen (1900), ab 1860 besonders in den Städten. Die anfängliche Massenverarmung wurde durch Wachstum, Steigerung der Erträge, Verlängerung der Lebenserwartung und Verbesserung des Lebensstandards abgelöst.

Zweitens kam es zu einem Technikboom, das 19. Jahrhundert gilt als das „Jahrhundert der Erfindungen": von der Dampflokomotive bis zum Elektromotor, vom Fahrrad über den Kühlschrank bis zur Glühlampe, vom Stahl über die Schreibmaschine bis zum Auto. Auch im Zeitungsgeschäft gab es die erste große Innovation seit Gutenberg: die dampfbetriebene Schnellpresse samt Druckzylinder.

Drittens war dieser Technikboom eines der wesentlichen Merkmale der industriellen Revolution, des Wandels von der einfachen zur kapitalistischen Warenproduktion, vom Handelskapital zum Industriekapital, vom Handwerker zum Lohnarbeiter. Zunächst kam es zur Mechanisierung, dann zu einem Gründerboom, in einem dritten Abschnitt folgte die Bildung von Konzernen, Großbanken und Aktiengesellschaften.

Das führte viertens zu einer Veränderung der sozialen Struktur: Das alte Modell bürgerlicher Öffentlichkeit zerbrach und wurde zur Jahrhundertwende von der Massengesellschaft und einem neuen Modell sozialer Schichten mit einer breiten Mittelschicht abgelöst.

Gesellschaftlicher Wandel, technologische Innovation und die Veränderungen innerhalb der Medienindustrie haben sich immer aufeinander bezogen, aber es war nie eine lineare, vorhersehbare Beziehung. Technologische Neuerungen waren zwar immer ein wesentlicher Treiber der medialen Entwicklung, aber man kann von Beginn an erstaunliche Verzögerungen beobachten. Zwischen Gutenbergs epochaler Erfindung und der ersten regelmäßig erscheinenden, gedruckten Wochenzeitung lagen 150 Jahre. Der Grund dafür war, dass erst die ökonomische und demografische

Entwicklung des 16. Jahrhunderts einen Bedarf erzeugte, der groß genug war, um den Einsatz der mit hohen Investitionen verbundenen Drucktechnologie wirtschaftlich sinnvoll erscheinen zu lassen.

Der erste große technische Sprung nach Gutenbergs Erfindung: Dampfpresse von Koenig und Bauer, erstmals im Einsatz 1814 bei der *Times*.

Ähnliches gilt für die Erfindung der Dampfpresse, die 1814 bei der Londoner *Times* erstmals zum Einsatz gekommen war: Die politische und gesellschaftliche Entwicklung in Kontinentaleuropa, die während der ersten Jahrhunderthälfte ein ständiges Auf und Ab für die Entfaltungsmöglichkeiten der Zeitung bedeutete, hielt den technologisch bereits vorgezeichneten Schub in Richtung „Massenpresse" noch zurück. In den angelsächsischen Ländern wurden die neuen Möglichkeiten hingegen früher genutzt. Benjamin Day gründete im Herbst 1833 mit der *Sun* das erste „penny paper" in den Vereinigten Staaten: Polizeiberichte und „human-interest-stories" dominierten das Blatt, das es innerhalb von zwei Jahren auf eine Auflage von täglich 15.000 Stück brachte. Ähnlich erfolgreich war James Gordon Bennett, einer der großen Innovatoren des amerikanischen Journalismus, mit seinem *New York Herald*. Er gründete seine Zeitung 1835 und brachte es innerhalb von zwei Jahren auf eine Auflage von 20.000 Stück. Bis dahin war der *New York Courier and Enquirer* mit 4.500 Stück die meistverkaufte Zeitung der Vereinigten Staaten gewesen, und die damals angesehenste Zeitung der Welt, die Londoner *Times*, brachte es auf 10.000 Stück. Ab 1835 druckte Benjamin Day sein rasch wachsendes Blatt mit einer Dampfpresse, Mitte des Jahrhunderts konnte er damit 18.000 Stück pro Stunde drucken - mit den alten Gutenberg-Maschinen hatte man nicht mehr als 125 Stück pro Stunde herstellen können.

Auch in England hatten sich bereits in der ersten Hälfte des Jahrhunderts billige Zeitungen etabliert - hier fasste man sie unter dem Begriff „pauper press" zusammen -, aber sie bewegten sich außerhalb der Legalität, weil sie die erst 1855 endgültig abgeschaffte „Stempelsteuer" umgingen.[27] Bis zu 560 solcher illegaler Billigblätter wurden gezählt, der *Twopenny Dispatch* soll es 1836 zu einer Auflage von 27.000 Stück gebracht haben. Er wurde von Henry Hetherington herausgegeben, zu dessen Unternehmen auch *The Poor Man's Guardian* gehörte. Dort konnte man 1834 lesen: „Politics is the noble art of dividing society in two classes - Slaves and Robbers". Die „pauper press" stand außerhalb des Gesetzes, sie vertrat ziemlich radikale politische Ansichten.

Einer der wesentlichen Effekte der Billigpresse war der Wandel im ökonomischen Status ihrer Herausgeber. Man konnte jetzt als Zeitungsmann reich werden, eine Aussicht, die für einige der Pioniere - wie den *Presse*-Gründer August Zang - ein wesentlicher Antrieb gewesen sein dürfte. Damit veränderten sich allerdings auch die politischen Perspektiven dieser Zeitungsleute: Zeitungen, die als zornige Angreifer auf das politische Establishment begonnen hatten, wurden große Unternehmen, und die Inhaber großer Unternehmen neigen zu konservativeren politischen Ansichten. Oder, in den Worten von Werner Faulstich: „Medien als Orientierungs- und Steuerungssysteme wurden zunehmend kapitalisiert, d. h. Kultur wurde immer stärker dem ökonomischen Teilsystem untergeordnet. Außerdem muss gelten: Ab dem Ende dieser Periode tendiert Medienkultur immer stärker zur Unterhaltung. Beides sollte in den folgenden Perioden der Medienkulturgeschichte bis heute beibehalten werden."

Beschleunigungsprozesse

Das ausgehende 19. Jahrhundert, das Fin de Siècle, das als Beginn der „klassischen Moderne" gilt, war eine Epoche der Beschleunigung, die zwischen euphorischem Aufbruch und Zukunftsangst changierte und um die Jahrhundertwende ganz ähnliche Phänomene hervorbrachte, wie sie 100 Jahre später im Zuge der digitalen Beschleunigungsprozesse rund um die Jahrtausendwende zu beobachten waren: Was später als „Burn-out" endemisch wurde, hieß seinerzeit „Neurasthenie".[28] Die Medien spielten in diesem Prozess eine entscheidende aktive und passive Rolle. Zur Beschreibung dieses wechselseitigen Transformationsprozesses des Medialen und des Sozialen etablierten Habbo Knoch und Daniel Morat[29] in Anlehnung an den Nestor der deutschen Sprach- und Begriffsgeschichte, Reinhart Koselleck, den Begriff der „massenmedialen Sattelzeit" für den Zeitraum von 1880 bis 1960.

Der wirksamste Beschleuniger für die Zeitungsindustrie selbst war der von Samuel Morse 1837 erfundene und 1844 verbesserte Schreibtelegraf. Damit konnten die Zeitungen Geschwindigkeit, Breite und Verlässlichkeit ihres Nachrichtenaufkommens dramatisch verbessern; die Zeitungen wurden die Hauptkunden der bald entstehenden Telegrafengesellschaften. Zunächst vor allem in den Vereinigten Staaten, in Kontinentaleuropa blieb die Nutzung der neuen Technologie vorerst den offiziellen Stellen vorbehalten. Um die Kosten überschaubar zu halten, gründeten die New Yorker Zeitungen 1848 die *Harbour News-Agentur*, die später in die noch heute operierende Genossenschaft *Associated Press* umgewandelt wurde.[30] Die Telegrafentechnologie ermöglichte es Zeitungen erstmals, Nachrichten von Ereignissen, die Tausende Kilometer entfernt stattgefunden hatten, am nächsten Tag ihrem Publikum zu präsentieren, mit der Fertigstellung der Transatlantikleitung 1866 galt das auch für Nachrichten vom alten Kontinent.

Im 19. Jahrhundert kamen die Bilder an die Macht: tote Soldaten des Amerikanischen Bürgerkriegs bei Antietam (1862).

Einen wesentlichen Schub erhielten die amerikanischen Zeitungen durch den Bürgerkrieg (1861-1865): Hatte es 1860 in den Vereinigten Staaten 3.000 Zeitungen gegeben, so waren es 1870 bereits 4.500 und 1880 7.000. Der Amerikanische Bürgerkrieg gilt als der erste „moderne Krieg" mit Tendenzen zum „totalen" Krieg, die vor allem der Nordstaatengeneral William T. Sherman favorisierte. Es ist auch der erste Krieg, aus dem Fotos existieren, etwa jenes von in der Schlacht von Antietam gefallenen Konföderationssoldaten im September 1862. Damals konnten die Nordstaaten unter Präsident Abraham Lincoln erstmals den Vormarsch des Südstaatengenerals Robert E. Lee stoppen. Der Bürgerkrieg brachte eine ziemlich brutale Professionalisierung des Journalistenberufs mit sich: Wer sich zuverlässige Informationen aus erster Hand besorgen wollte, arbeitete unter furchtbaren Bedingungen und musste bei jedem Wechsel zwischen den Linien damit rechnen, als Spion gefangengenommen zu werden.

Auch in Europa gab es Ende des 19. Jahrhunderts, unter den vergleichsweise angenehmen Bedingungen des „Goldenen Medienzeitalters", einen journalistischen Professionalisierungsschub. Journalismus war immer als Nebenbeschäftigung ausgeübt worden: In der Frühzeit verdienten sich Drucker und Postmeister etwas dazu, indem sie die „einkommenden Nachrichten" vervielfältigten, später schickten Verwaltungsbeamte ihre Korrespondenzen einmal auf dem Dienstweg an ihre Vorgesetzten und ein weiteres Mal gegen Bezahlung an die Zeitungsherausgeber, später publizierten Gelehrte und Professoren, Revolutionäre und Dichter ihr Wissen und ihre politischen Vorstellungen. Erst im letzten Drittel des 19. Jahrhunderts aber wurde Journalismus zum Vollzeitberuf. Und dieser Beruf drückte wie kaum ein andere die Ambivalenzen des Zeitalters zwischen existenzieller Unsicherheit und unbändigem Fortschrittsglauben aus.

Max Weber hat diese Ambivalenz in seinem Münchener Vortrag *Politik als Beruf* im Januar 1919 auf heute noch gültige Weise zusammengefasst. „Gerade an den erfolgreichen Journalisten", sagte er dort, „werden

Er hat bis heute Gültiges über die Ambivalenzen des journalistischen Berufsbildes gesagt: der Soziologe Max Weber (1864-1920).

besonders schwierige innere Anforderungen gestellt. Es ist durchaus keine Kleinigkeit, in den Salons der Mächtigen der Erde auf scheinbar gleichem Fuß, und oft allgemein umschmeichelt, weil gefürchtet, zu verkehren und dabei zu wissen, dass, wenn man kaum aus der Tür ist, der Hausherr sich vielleicht wegen seines Verkehrs mit den ‚Pressebengeln' bei seinen Gästen rechtfertigen muss -, wie es erst recht keine Kleinigkeit ist, über alles und jedes, was ‚der Markt' gerade verlangt, über alle denkbaren Probleme des Lebens, sich prompt und dabei überzeugend äußern zu sollen, ohne nicht nur der absoluten Verflachung, sondern vor allem der Würdelosigkeit der Selbstentblößung und ihren unerbittlichen Folgen zu verfallen."[31]

Mit der Professionalisierung - die allerdings weder in den USA noch in Europa zur Etablierung von Ausbildungsstätten führte, hier wie da passierte das erst im 20. Jahrhundert - bildeten sich auch Unterschiede zwischen dem angelsächsischen und dem kontinentaleuropäischen Berufsverständnis, das man am knappsten mit „news versus views" zusammenfassen kann: Briten und Amerikaner entwickelten sich eher in Richtung Nachrichtenorientierung und Bürgervertretung, die Kontinentaleuropäer übernahmen den belehrenden Stil der Obrigkeit. Zwar verheimlichten auch die amerikanischen Verleger und Spitzenjournalisten ihre parteipolitischen Neigungen nicht, aber erstens war ihre Position dennoch deutlich unabhängiger als die ihrer kontinentaleuropäischen Kollegen, zweitens erforderte der zunehmende Erfolg immer mehr Zurückhaltung.

Die Werbeeinnahmen machten inzwischen selbst bei klassischen Zeitungen wie der Londoner *Times* mehr als die Hälfte der Erlöse aus, die vorderen Seiten waren schon damals so sehr davon dominiert, wie das bis auf den heutigen Tag der Fall ist (in der *New York Times* ist das nicht anders). Ähnliches galt für die deutschen Partei- und Gesinnungsorgane. Und natürlich etablierte sich rasch das kulturkritische Tableau, demzufolge die Zeitungen wegen ihrer Abhängigkeit von den Anzeigen ein „Herd der Korruption" seien. Damals wie heute freilich muss man sich fragen, ob es nicht gerade umgekehrt ist - ob nicht jene Medien für Korruption anfälliger sind, die sich eben nicht über Anzeigen finanzieren können: Man könnte immerhin sagen, dass Medien, die dem Anspruchsdenken dutzender, ja hunderter Anzeigenkunden ausgesetzt sind, immer noch freier agieren können als solche, die einen Eigentümer mit einer klaren politischen Agenda haben.

Besonders geschickte Akteure wie der *Presse*-Gründer August Zang drehten den Spieß sogar um: „Es muss noch dahin kommen, dass die Königin von England ihre Thronrede als Inserat in *Die Presse* gibt", soll er gesagt haben, und Eduard Hanslick, der legendäre Musikkritiker des Blattes, berichtet in seiner Biografie, dass Zang von ihm verlangt habe, alle Künstler darauf hinzuweisen, dass jene, die in der *Presse* besprochen werden wollten, dafür sorgen müssten, dass ihre Auftritte zuvor in dem Blatt auch per bezahlter Anzeige angekündigt würden. Zang habe von dem Ansinnen erst nach Hanslicks in der selben Minute eingereichter Kündigung abgelassen.[32] Beim Börsenkrach 1873 allerdings spielte die *Neue Freie Presse* eine unrühmliche Rolle: Sie hielt im Interesse der Finanzmagnaten die Euphorie aufrecht, als längst schon klar war, dass es zum Zusammenbruch kommen würde.

Das berühmteste Beispiel des korrupten Zeitungsmannes und erpresserischen Anzeigenkeilers war der vom Judentum zum Protestantismus konvertierte Ungar Imre Békessy, der 1919 nach Wien gekommen war und ab 1923 Herausgeber der *Stunde* war. Unter seinen Mitarbeitern war nicht nur Anton Kuh, sondern auch der blutjunge Billy Wilder, der mit dafür verantwortlich war, dass gegen den Leiter der Anzeigenakquisition der *Stunde* ein Verfahren eingeleitet wurde. Békessy, hieß es, habe sogar einfache Kaffeehausbesitzer erpresst, der Begriff „Revolverjournalismus" hat hier seinen Ursprung: Der Revolver war die Drohung, bei Nichteingehen auf Békessys Forderungen journalistisch gegen den Erpressten vorzugehen. Karl Kraus, der in der *Fackel* gegen Békessy polemisierte und ihm 1928 in dem Stück *Die Unüberwindlichen* in der Figur des Barkassy ein literarisches Denkmal setzte, beendete viele seiner Vorlesungen mit dem später zum geflügelten Wort gewordenen Satz: „Hinaus aus Wien mit dem Schuft."

Medienmoguln

Neben dem Bild des erpresserischen Revolverjournalisten taucht um die Jahrhundertwende auch das Bild des „Medienmoguls" auf, dessen ikonografische Gestalt für die Heutigen von Orson Welles durch seinen 1941 entstandenen Film *Citizen Kane* entscheidend geprägt wurde. Das reale Vorbild für die Filmfigur des Charles Foster Kane ist William Randolph Hearst. Hearst war wie die Filmfigur Kane der Sohn eines Goldminenbesitzers, studierte in Harvard, wo er Teil der Redaktion des *Harvard Lampoon* wurde, jener legendären Zeitschrift, die zu der Zeit von seinem großen Vorbild und späteren Konkurrenten Joseph Pulitzer geleitet wurde. 1887 übernahm er den *San Franzisco Examiner*, Mitte der 90er Jahre wagte er mit dem Geld, das sein 1891 verstorbener Vater ihm hinterlassen hatte, den Sprung nach New York, wo er das *Morning Journal* kaufte.

Pulitzer war bereits 1883 in New York angekommen, wo er die *New York World* übernommen und Kreuzzüge für Arbeiter, Immigranten und Arme begonnen hatte. Pulitzer war ziemlich innovativ, er hatte sowohl Spezialsektionen für Frauen als auch eine regelmäßige Sportbe-

Joseph Pulitzer (1847-1911), spät geläuterter Pionier des Sensations-journalismus und Namenspatron des wichtigsten Journalistenpreises der Welt.

richterstattung und die ersten farbigen Cartoons eingeführt. Zugleich begann mit Pulitzers Ära und erst recht ab seiner Auseinandersetzung mit Hearst um Auflage und Reichweite die zweite große Phase des „Sensationalismus". Die beiden Zeitungsmoguln warben einander die besten Journalisten ab und starteten einen atemberaubenden Wettbewerb um die blutigere, bizarrere und schlüpfrigere Geschichte. Dem erbitterten Kampf der beiden um einen Cartoon-Charakter namens „yellow kid" verdankt sich der Begriff „yellow press".

In jener Boomzeit etablierten sich noch heute zu beobachtende Phänomene wie der „stunt journalism": Man schuf die Ereignisse, über die man sensationelle Berichte verfassen konnte, einfach selbst. Pulitzer beispielsweise schickte seine Reporterin Jane Cochrane, die unter dem Pseudonym Nellie Bly[33] arbeitete, 1889 um die Welt, um zu sehen, ob sie es in weniger als 80 Tagen schaffen würde (Jules Vernes Roman war 1873 erschienen). Sie schaffte es übrigens in etwas mehr als 72 Tagen. Die berühmteste „Stunt"-Geschichte hatte freilich der Dritte im Bunde der New Yorker Zeitungszaren, James Gordon Bennet jr., bereits 1869 geliefert: Er sandte Henry Morton Stanley nach Afrika, um den 1866 aufgebrochenen, jetzt aber als verschollen geltenden Missionar und Forscher David Livingstone zu finden. Stanley

William Randolph Hearst (1863-1951), Pulitzers Gegenspieler mit großer politischer Ambition, wurde in Orson Welles' Film *Citizen Kane* ein Denkmal gesetzt.

war erfolgreich. „Doctor Livingstone, I presume?" Stanleys Satz beim ersten Zusammentreffen mit einem Europäer in der Nähe des Tanganjikasees ist zwar weltberühmt, aber nicht belegt. Von den weißen Reisebegleitern Stanleys hat keiner überlebt, Livingstone hat sich über diese Begegnung nicht geäußert, er starb ein Jahr später.

Kurz vor seinem Tod 1904 holte Stanley seine böseste Tat ein: Die unfassbaren Verbrechen, die der belgische König Leopold im Kongo zu verantworten hatte, wurden öffentlich. Und es war Stanley gewesen, der Leopold vertraglich den Kongo samt der Arbeitskraft seiner Einwohner gesichert hatte, Stanley hatte die entscheidende Infrastruktur inklusive der Gründung von Leopoldville (später Kinshasa) aufgesetzt und so den Völkermord vorbereitet, den der Monarch verüben ließ, um den weltweit dramatisch angestiegenen Bedarf nach Kautschuk zu decken und damit ein Vermögen zu machen.[34]

Die weit verbreitete Ansicht, dass der Krieg der Vater aller Mediendinge sei, bestätigte sich auch im Wettbewerb zwischen Hearst und Pulitzer. Die Blätter der beiden waren mit ihrer reißerischen Berichterstattung wesentlich verantwortlich für den Amerikanisch-Spanischen Krieg um Kuba 1898. Legendär wurde der Telegramm-Wechsel zwischen Hearst und seinem Kuba-Korrespondenten Frederic S. Remington: W. R. Hearst, *New York Journal*, N. Y.: „Everything is quiet. There is no trouble here. There will be no war. I wish to return." Remington. - Remington, Havana: „Please remain. You furnish the pictures, and I'll furnish the war." W. R. Hearst.

Der Schlachtruf, mit dem Hearst in den medialen Krieg für den Krieg gegen Spanien zog, lautete: „Remember the Maine, to Hell with Spain!" Während Hearst nach der erfolgreichen Agitation seine politischen Ambitionen auslebte - ohne allerdings sein Ziel, als Präsidentschaftskandidat nominiert zu werden, zu erreichen -, setzte bei Pulitzer ein Läuterungsprozess ein. Die *New York World* wurde eine respektierte Zeitung, aber Pulitzer, der 1911 starb, sollte es nicht mehr erleben, dass endlich 1912 die Columbia University sein Angebot annahm, eine Ausbildungsstätte für Journalisten zu finanzieren. So entstanden die Columbia Journalism School und in der Folge der renommierteste Journalistenpreis der Welt: der Pulitzer-Preis.

Die mediale Boomzeit vor der Jahrhundertwende nutzte auch den seriösen Zeitungen, allen voran der noch heute als globaler Maßstab geltenden „alten Dame" namens *New York Times*. Ihren Namen und ihre große Reputation bekam die Zeitung, die 1851 von Henry J. Raymond und George Jones als *The New-York Daily Times* gegründet worden war, erst 1896 mit der Übernahme durch

Adolph Ochs, dessen Nachfahren noch heute den Herausgeber des Blattes stellen. Von Ochs stammt der noch heute auf der Titelseite prangende Leitspruch „All the news that's fit to print", sogar die wöchentliche Buchbeilage, die er im Jahr seiner Übernahme ins Leben rief, existiert nach wie vor: *The New York Times Book Review*. Aber schon Raymond und Jones hatten ihre Gründung als bewusstes Gegenprogramm zu den Sensationsblättern der Stadt verstanden.

So wie sich neben den Sensationsblättern seriöse Medien etablierten, versuchten einzelne Journalisten, neben „sex & crime" auch Enthüllungen der seriösen Art zu etablieren. Die erstmalige Verwendung des - anders als im britischen Englisch, wo „muckraker" so viel wie „Schmierfink" heißt, also die unseriöse Variante des Enthüllungsjournalismus meint - im amerikanischen Englisch noch heute gebräuchlichen Begriffs „muckraker" wird dem späteren amerikanischen Präsidenten Theodore Roosevelt zugeschrieben. Neben der klassischen Investigation von Korruption und politischen Malversationen ging es auch um die Beschreibung von sozialen Missständen, in der sich neben hauptberuflichen Journalisten - die berühmtesten waren Ida Tarbell, Lincoln Steffens und Ray Stannard Baker - auch Autoren wie Charles Dickens oder Mark Twain engagierten.

Technologische Neuerungen, Beschleunigungsprozesse sozialer, vor allem durch die fortschreitende Urbanisierung angestoßener Art und technologischer Art (Kommunikationstechnologien), das Verhältnis zwischen Text und Bildern, die manipulativen Versuchungen für große Medien, ethische Fragen im Zusammenhang mit dem investigativen Journalismus, Differenzierungschancen der unterschiedlichen Medien innerhalb des Phänomens der gleichzeitigen Ausfaltung verschiedenster Gattungen, die Frage nach demokratiepolitisch „gesunden" Eigentumsverhältnissen in der Medienbranche - alles, was heute die allgemeine Mediendebatte dominiert: Rund um die Wende vom 19. zum 20. Jahrhundert waren die Themen gesetzt, die wesentlichen Parameter waren klar.

Konzentrationsprozesse

Dazu gehörte und gehört ganz wesentlich die Frage der „Medienkonzentration": Frank Andrew Munsey, der sich in die Mediengeschichte eingeschrieben hatte, weil er die kommerziell ziemlich erfolgreiche Idee hatte, Magazine auf minderwertigem Papier zu drucken und so für die Masse erschwinglich zu machen, wagte bereits 1893 die Vorhersage, dass es „nicht viele Jahre - vielleicht fünf oder zehn" - dauern würde, bis „das Verlagsgeschäft in diesem Land von einigen wenigen, maximal drei oder vier, Konzernen übernommen wird".

Munsey, dessen Reichtum sich nicht unwesentlich der Tatsache verdankte, dass er bereit war, Magazine, die nicht funktionierten, sofort einzustellen und durch neue zu ersetzen, hatte sich zwar im Zeithorizont verschätzt, nicht aber in der Sache selbst. In der ersten Hälfte des 20. Jahrhunderts setzte in den USA tatsächlich ein massiver Konsolidierungsprozess ein, und Frank Munsey, dem man den Spitznamen „Zeitungs-Exekutor" gegeben hatte, war Teil dieser Entwicklung, in der es darum ging, durch Marktbereinigungen den verbliebenen Eigentümern ein größeres Stück vom Kuchen zu sichern. Neben Munsey gehörte natürlich Randolph Hearst zu den ersten großen Konzernherrn. Hearst vereinigte 1922 in seiner Gruppe 20 Tageszeitungen, elf Sonntagszeitungen, zwei Nachrichtenagenturen und eine der ersten Wochenschauen. Der Dritte im Bunde war Edward W. Scripps: Er hatte 1878 mit geborgten 10.000 Dollars in Cleveland die *Penny Press* gegründet und im Lauf der Jahre mehrere Zeitungen akquiriert. 1890 fasste er seine Aktivitäten unter dem Dach der „Scripps-McRae League" zusammen, 1914 gehörten 23 Zeitungen zu seinem Konzern. Die Scripps-Gruppe mit dem Leuchtturm-Logo existiert nach vielen erfolgreichen Transformationen noch heute und konzentriert sich auf elektronische und digitale Angebote.

Was Hearst in den Vereinigten Staaten war, war in England Lord Northcliffe. Alfred Harmsworth, als Anwaltssohn in London aufgewachsen, war der erste Verleger, der im Vereinigten Königreich im großen Stil Boulevardzeitungen herausbrachte. 1894 übernahm er die *Evening News*, 1896 gründete er die *Daily Mail*, 1903 den *Daily Mirror*. Die großen Schlagzeilen, die Sportberichterstattung, Themen wie Mode und Kochen, der hohe Foto-Anteil und der niedrige Verkaufspreis waren Innovationen, die seine beiden Zeitungen

Alfred Harmsworth (1865-1922), Viscount of Northcliffe, beherrschte am Beginn des 20. Jahrhunderts die britische Medienlandschaft.

zu den meistgelesenen Tageszeitungen des Vereinigten Königreiches machten. Mit der Akquisition des *Observer*, der *Times*, des *Daily Express*, der *Sunday Times* und der *Evening News* baute er den größten Medienkonzern des Vereinigten Königreichs auf.

Der 1904 zum Baron geadelte und 1917 zum Viscount Northcliffe erhobene Alfred Harmsworth war imperial und antideutsch gesinnt, seine Blätter schürten die englische Kriegsbegeisterung und kampagnisierten nach dem Krieg gegen die geplante Verringerung der Reparationsforderungen gegen das Deutsche Reich. Ab 1904 im Oberhaus vertreten, wurde er zwar Mitglied einer Kommission, die von Juni bis November 1917 die gemeinsamen Kriegsanstrengungen von USA und Großbritannien koordinieren sollte, und übernahm 1918 im Auftrag des Informationsministeriums das Amt eines „Director of propaganda in enemy countries", ein Regierungsamt lehnte er aber ab - es hätte bedeutet, dass er die Regierung nicht mehr kritisieren hätte können, und das wollte er nicht.

Auch auf dem Festland begannen die Regierungen unter dem Druck der medialen Dynamik ihr Verhalten gegenüber den mächtiger werdenden Verlegern zu ändern. Repression wurde durch den Versuch ersetzt, die entscheidenden Journalisten durch das Angebot informeller Beziehungen oder aber finanzieller Zuwendungen zu lenken. Unter Bismarck wurden aus dem sogenannten „Reptilienfonds", der aus dem beschlagnahmten Welfen-Vermögen stammte, Honorare an regierungsnahe Journalisten und Zeitungen bezahlt. Zugleich subventionierte man die wichtigste Nachrichtenagentur WTB (Wolffs Telegraphisches Bureau) und versorgte die Provinzpresse mit günstigem Nachrichtenmaterial unter dem Titel *Provinzial Correspondenz*. Die Regierung in Wien verfuhr mit ihrer *Österreichischen Correspondenz* und ihrem privilegierten Zugriff auf telegrafische Meldungen ähnlich. Auch diese Methode verlor allerdings mit dem Aufkommen der Massenpresse ihre Wirksamkeit, weil einige der Bestechungsversuche öffentlich wurden und für Skandale sorgten.

In Deutschland hatten sich um die Jahrhundertwende drei große Medienfiguren etabliert: Rudolph Mosse, der vom Anzeigengeschäft herkam, der Druckerei-, Papier- und Vertriebsspezialist Leopold Ullstein und der konservative Verleger August Scherl. Mosse hatte als einer der Ersten den gesamten Anzeigenteil mehrerer Zeitungen gepachtet, um ihn an Werbekunden weiterzuverkaufen. Ullstein hatte, nachdem er das *Neue Berliner Tagblatt*, die dazugehörige Druckerei und die *Berliner Zeitung* erworben hatte, den nach ihm benannten Verlag gegründet und die *Berliner Illustrirte Zeitung* zur bedeutendsten deutschen Wochenzeitung fortentwickelt. Nach seinem Tod im Jahr 1899 führten seine Söhne den Verlag weiter, sie hatten so bedeutende Blätter wie die *Vossische Zeitung* in ihrem Portfolio und gründeten 1903 den Ullstein-Buchverlag und 1919 den Propyläen-Verlag.

Der Dritte im Bunde war August Scherl. Er hatte 1883 mit dem *Berliner Lokal-Anzeiger* den ersten deutschen Generalanzeiger und 1899 das illustrierte Wochenblatt *Die Woche* gegründet. 1904 übernahm Scherl mit der *Gartenlaube* eine der Ikonen deutscher Zeitungsgeschichte. Mitte des Jahrhunderts in der Tradition der „moralischen Wochenschriften" gegründet und der Etablierung des bürgerlichen Wertekodex verpflichtet, hatte sich die *Gartenlaube* nach der Reichsgründung 1871 zum Sprachrohr preußischer Politik und zur nationalliberalen Stimme im Kulturkampf entwickelt, um schließlich zum konservativen Unterhaltungsblatt zu werden, das sich der nationalkonservative Verleger Scherl Anfang des 20. Jahrhunderts einverleibte. 1914 verfügten Scherls Zeitungen über 300 Millionen Leser. Allerdings waren seine Zeitungsprojekte nicht durchwegs erfolgreich, sodass Scherl, der ein ausgeprägtes Interesse für Verkehrsinfrastrukturen hatte und seine Ideen zu einem neuen Schnellbahnsystem in Buchform veröffentlichte, seine Medienbeteiligungen zunächst an eine von Baron Alfred von Oppenheim und dem Kölner Finanzier Louis Hagen gegründete Holding namens „Deutscher Verlagsverein" verkaufte.

Der „Herr über Presse und Film"

1916 übernahm dann jener Mann die Unternehmensgruppe, der die deutsche Zeitungsszene während der Weimarer Republik entscheidend prägen und ihre Indienstnahme durch den Nationalsozialismus inszenieren sollte: Alfred Hugenberg. Hugenberg war seit 1909 als Finanzchef und Direktoriumsvorsitzender der Friedrich Krupp AG tätig gewesen und hatte ab 1913 begonnen, kleinere Nachrichtenbüros aufzukaufen, die er zur Telegrafen Union GmbH (TU) zusammenführte, mit dem Ziel, das Monopol des Wolff'schen Telegraphen Bureaus (WTB) zu brechen. Rudolph Mosses Position als führender Anzeigenvermarkter griff Hugenberg fast gleichzeitig mit der Übernahme des Vorsitzes in der Scherl-Gruppe durch die Gründung der „Ala" („Allgemeine Anzeigen GmbH") an: Durch

„Herr über Presse und Film",
antidemokratischer Politaktivist und
Wegbereiter für das Medienimperium
der Nationalsozialisten:
Alfred Hugenberg (1865-1951).

den strategischen Zukauf des Zweigniederlassungsnetzes zweier Konkurrenten wurde die „Ala, Vereinigte Anzeigengesellschaft Haasenstein und Vogler, Daube und Co." innerhalb eines Jahres zum größten Anzeigenvermarkter Deutschlands.

Um im Kampf um die deutsche Provinzpresse effizienter zu sein, gründete Hugenberg die VERA, ein Unternehmen, das Einfluss suchende Großindustrielle bei der Investition in Zeitungsunternehmen beriet. In den folgenden Jahren baute Hugenberg aus dem Scherl-Verlag und der Telegrafen-Union ein Medienkonglomerat aus Verlag, Nachrichtendiensten, Werbeagenturen, Korrespondenzdiensten, Filmgesellschaften und zahlreichen Zeitungsbeteiligungen auf. Das strategische Konstrukt wurde Anfang der 20er Jahre durch zwei weitere Gründungen komplettiert: Die „Mutuum Darlehen Aktiengesellschaft" vergab als Zeitungsbank Kredite an einige Zeitungen, beteiligte sich an anderen und verband beide der VERA. Mit der „WiPro", der „Wirtschaftsstelle der Provinzpresse", wurde der Verkauf von Nachrichten optimiert, man lieferte fertige Matern - in Pappstreifen gepresste Leitartikel, Nachrichten, Romane, und Sportberichte, die in der Provinz mittels Gießmaschinen zu Druckplatten umgewandelt wurden - an Kleinverlage. Der Kundenstamm von Hugenbergs Print-Imperium war Ende der 20er Jahre auf 1.600 Zeitungen angewachsen, als er sich 1927 die UFA (Universal Film AG) einverleibte. Zum Generaldirektor machte er seinen Weggefährten Ludwig Klitzsch, mit dem er bereits 1916 die Deutsche Lichtbild-Gesellschaft (ab 1920 Deuligfilm A.-G.) gegründet hatte.

Alfred Hugenberg war Ende der 20er Jahre der „Herr über Presse und Film", aber er wollte mehr. Als Vorsitzender und Reichstagsabgeordneter der Deutschnationalen Volkspartei (DNVP) hatte er schon seit Langem versucht, sein nationalistisches, antidemokratisches Programm auch politisch umzusetzen. 1919 verbündete er sich mit Adolf Hitler im Reichsausschuss für das Volksbegehren gegen den Young-Plan: Man forderte Haftstrafen für alle Minister, die den Owen-Young-Reparationsplan unterzeichneten. Das Volksbegehren scheiterte, aber Hugenbergs Zeitungen hatten Hitlers NSDAP in Deutschland bekannt gemacht. Als 1931 die sogenannte „Harzburger Front" zum Sturz der Regierung Brüning aufrief, waren Hugenberg und Hitler erneut Partner. Hitler wäre 1933 ohne Hugenberg und die DNVP nicht Kanzler geworden, was ihn aber nicht darin hinderte, den Wegbegleiter, der von Hindenburg noch zum Wirtschaftsminister ernannt worden war, nach wenigen Monaten ins Abseits zu drängen. Hugenburgs Imperium bot die idealen Startbedingungen für die Arbeit des Reichspropagandaministers Joseph Goebbels.

Ein abwechslungsreiches Leben zwischen Medien und Politik: Georges Clemenceau (1841-1929), der große Gegenspieler der Deutschen und Österreicher in Versailles.

Auch im verfeindeten Nachbarland Frankreich war in der Dritten Republik ein Mann prägend, der zwischen Medien und Politik hin- und herwechselte:

Georges Clemenceau. Bereits 1861 gründete er mit politischen Freunden die Wochenzeitung *Le Travail*. Als Gegner des Zweiten Kaiserreiches und Anhänger der Republik war er mehrfach kurzzeitig in Haft gewesen, ehe er 1865 für fünf Jahre in die Vereinigten Staaten ging, deren demokratische Freiheiten, besonders die Redefreiheit, auf ihn einen großen Eindruck machten.[35] Nach seiner Rückkehr wurde er Bürgermeister von Montmartre, ein Jahr später saß er als Abgeordneter der Radikalsozialisten in der Nationalversammlung, wo er gegen den Frieden mit Deutschland stimmte. Clemenceau spielte auch eine der Hauptrollen in der Dreyfus-Affäre: Als Eigentümer und Herausgeber der von ihm im Jahr davor gegründeten Tageszeitung *L'Aurore* setzte er sich 1898 für den zu Unrecht wegen Spionage für den Feind verurteilten jüdischen Offizier Alfred Dreyfus ein. Sein wichtigster Mitstreiter war der Schriftsteller Émile Zola, dessen 1898 in *L'Aurore* veröffentlichter Appell *J'accuse* Geschichte schrieb. Nach seiner ersten Periode als französischer Ministerpräsident betätigte er sich bis in die Zeit des Ersten Weltkriegs hinein wieder als Zeitungsherausgeber, ehe er ab 1917 als Ministerpräsident und Kriegsminister wieder in den politischen Ring stieg. In Versailles trat Clemenceau 1919 als entschiedener Gegner der Deutschen auf, die er zum Schutz Frankreichs nach Möglichkeit schwächen wollte. Er hatte neben Elsass-Lothringen und dem Saargebiet auch das Rheinland gefordert, auf Letzteres aber verzichtet, um das Bündnis mit Großbritannien nicht aufs Spiel zu setzen.

Das „Goldene Zeitalter" der Zeitungen war eine Boomphase für die Parteipresse, jedenfalls in Zentraleuropa. Was rückblickend wie ein Anachronismus oder wie eine neue Form der journalistischen Abhängigkeit erscheinen muss, war aus der Sicht der zeitgenössischen Journalisten das Gegenteil davon: Parteinähe bedeutete Unabhängigkeit von den Regierungen. Denn die Massenpresse tendierte zur Unterstützung der herrschenden Politiker, durch die Parteipresse gab es mediale Konkurrenzveranstaltungen auch dort, wo es sich wirtschaftlich nicht mehr lohnte.

Frank Bösch schreibt, dass die Medien auf diese Weise einen „doppelten Effekt" auf die Bildung der „sozial-moralischen Milieus" gehabt hätten, die sich durch Kulturkämpfe und Sozialistenverfolgungen formierten: Einerseits habe die Parteipresse die Abschottung in getrennte Lebenswelten gefördert, weil die getrennten Medien die differenten Weltsichten von Sozialdemokraten, Katholiken, Liberalen und Konservativen verstärkt habe. Andererseits hätten manche, vor allem die liberalen Medien, aber auch Brücken gebaut, indem sie gelegentlich den Wortlaut von SPD-Reden im Reichstag veröffentlich hätten, wenn auch selektiv und in der Regel negativ kommentiert.[36]

Globale Expansionen

Was sich von der zweiten Hälfte des Jahrhunderts bis zum Ersten Weltkrieg abspielte, war ein großer Globalisierungsschub, in dem, wie 100 Jahre später, Medientechnologien eine große Rolle spielten, die nicht ausschließlich oder nicht einmal mehrheitlich in der Medienindustrie selbst ihre Hauptanwendung hatten. So gibt es Medienforscher, die das in jener Zeit angelegte weltweite Telegrafenkabelnetz das „viktorianische Internet" nennen. Die Telegrafie und die eng mit dieser Technologie verbundenen Nachrichtenagenturen förderten in Kooperation mit dem Kolonialismus die Verbreitung des Mediums Zeitung in der außereuropäischen Welt. Dass die Nachrichtenagenturen Stützpunkte in den entlegensten Winkeln der Welt eröffneten - so wie Reuters 1871 in Shanghai -, unterstützte das Entstehen von Zeitungen in diesen Gebieten, zugleich konnten Agenturen und Telegrafenunternehmungen Länder wie Australien, Neuseeland oder Argentinien wegen der dort entstehenden Zeitungen als neue Absatzmärkte bearbeiten.

Natürlich sind China und Japan die erstaunlichsten Beispiele für die rasante Entwicklung der Medien. Beide Länder hatten

Erst 1879 als erste japanische Zeitung gegründet, ist *Asahi Shimbun* heute die auflagenstärkste Zeitung der Welt.

eine besonders alte Schriftkultur, hatten aber bis ins 19. Jahrhundert keine periodischen Medien entwickelt. Japan, das heute die größte Zeitungsdichte der Welt hat, holte die Entwicklung, die in Kontinentaleuropa ein halbes Jahrtausend in Anspruch genommen hatte, innerhalb weniger Jahrzehnte nach. Die Voraussetzungen dafür waren der hohe Alphabetisierungsgrad, die rasche Urbanisierung und das Vorhandensein von Zeitungsvorläufern in Form von Einblattdrucken, wie es sie in Deutschland im 16. Jahrhundert gegeben hatte. Vor allem in Edo, dem späteren Tokyo, waren also Verleger, Vertriebsschienen und lesefähige Konsumenten in großer Zahl vorhanden. Die grundlegenden Reformen während der Meiji-Zeit (1868-1912) wären vermutlich ohne Zeitungen so nicht durchsetzbar gewesen, es entstanden parallel parteinahe Zeitungen für die Eliten und unterhaltungsorientierte Massenblätter.

Auch im Fernen Osten war der Krieg einer der Väter der Mediendinge: Die Kriege gegen China (1895) und Russland (1904-1905) führten zu einer Professionalisierung der journalistischen Arbeit durch die Kriegskorrespondenten, zu einem Auflagenanstieg und zu steigendem politischen Einfluss der erfolgreichen Verleger, die sich einem populistischen Nationalismus verschrieben, der dazu neigte, die japanischen Kriegsverbrechen auszublenden. In diesem Zusammenhang stellt sich die Frage, ob und wie sehr tatsächlich die frühen Kriegskorrespondenten für die Ausbildung eines grenzübergreifenden kritischen Journalismus verantwortlich waren. Frank Bösch sieht darin eher eine „Mythenbildung der Journalisten selbst" und macht das am viel zitierten Beispiel des *Times*-Reporter William Howard Russell im Krimkrieg fest. Ja, Russell habe aufrüttelnde Reportagen abgeliefert, aber in Wahrheit hätte sich die *Times* damals als ausgesprochen regierungsloyal erwiesen.[37] Auch die in der Literatur oft geäußerte Behauptung, dass die Fotos aus diesem Krieg eine wesentliche Rolle gespielt hätten, sieht Bösch eher nicht belegt.

Die große Zäsur und die „Stunde null"

Der Erste Weltkrieg jedenfalls stellte nicht die große Zäsur in der Entwicklung der Medien insgesamt und der Zeitung im Speziellen dar, die man hätte vermuten können. Ja, konservative Zeitungen äußerten ihre patriotische Zustimmung zum Waffengang, während in Deutschland vor allem SPD-Organe pazifistische Aufrufe veröffentlichten, aber man kann wohl nicht sagen, dass der Erste Weltkrieg ein Produkt medialer Hysterie gewesen wäre. Die einschlägigen Belege aus der Literatur - etwa das Negativdenkmal, das Karl Kraus in den *Letzten Tagen der Menschheit* Alice Schalek setzte, der Kriegsberichterstatterin der *Neuen Freien Presse* - haben aufs Ganze gesehen eher anekdotischen Charakter. Während des Krieges dann hatten die Zeitungen mit den üblichen Schwierigkeiten in kriegerischen Zeiten zu kämpfen - Zensur und erschwerte Bedingungen, sogar im liberalen Großbritannien, und die Schwierigkeit, an gesicherte Informationen zu kommen. Als geeignetes Propagandamittel begannen die kriegführenden Staaten den Film zu entdecken: Die Gründung der ersten deutschen Filmunternehmen unter anderem durch Alfred Hugenberg während der Kriegsjahre fand durchwegs mit Unterstützung des Kriegsministeriums statt.

Die große Zäsur in der Zeitungsgeschichte zumindest Kontinentaleuropas war der Zweite Weltkrieg. Hitlers Eroberungszug hatte einerseits zur Gleichschaltung aller Medien geführt, andererseits erlaubte die starke Konzentration der NS-Propagandamaschinerie auf Radio („Volksempfänger") und Film („Wochenschau") am ehesten im Zeitungsbereich die Erhaltung dosierter Nischen der Vernunft. Zumindest auf den ersten Blick. Denn es bleibt die Frage, ob der Umstand, dass etwa in der *Frankfurter Zeitung* linke Journalisten, die anderswo entlassen worden waren, Unterschlupf fanden und sogar jüdische Redakteure in der kaufmännischen Abteilung versteckt wurden, nicht auch Teil der NS-Strategie gewesen ist, so wie die relativen Freiheiten für die katholische Bistumspresse.

Die Frage, ob und in welchem Sinn man den 8. Mai 1945, den Tag der bedingungslosen Kapitulation der deutschen Wehrmacht, tatsächlich als „Stunde null" für Österreich und Deutschland bezeichnen kann oder soll, wird kontroversiell diskutiert, seitdem man den Begriff aus der Sprache der Militärs in die Sprache der beschreibenden Gesellschaftswissenschaften importiert hat. Für die Geschichte der Zeitung ist er jedenfalls zutreffend: Die Woche zwischen dem 7. Mai und dem 13. Mai 1945 war seit Jahrhunderten die einzige Woche in Deutschland ohne Zeitungen gewesen. Und beim Neubeginn war tatsächlich nichts mehr so, wie es vorher war - und zwar in ganz Westeuropa.

Das Grundanliegen der Siegermächte bestand darin, die Medien als Instrumente der Demokratieerziehung zu etablieren. Vor allem natürlich in Deutschland und Österreich. Zunächst durften nur alliierte Medien erscheinen, sukzessive wurden Lizenzen an deutsche und österreichische Verleger vergeben, die als unbelastet galten, die führenden Köpfe der NSDAP-Medien wechselten in der Regel in mediennahe Bereiche wie etwa in die Werbebranche. Bei den Neuvergaben der Lizenzen wurden tendenziell regionale Verleger bevorzugt, die noch heute vor allem die deutsche Medienstruktur dominieren. Die Besatzungsmächte verfolgten dabei unterschiedliche Strategien in Anlehnung an ihre jeweiligen nationalen Traditionen: Die Briten bevorzugten eher parteinahe deutsche Verleger, die Amerikaner versuchten Zeitungsredaktionen mit Journalisten aus allen politischen Lagern zu etablieren. Gemeinsam war beiden der Versuch, in diesem „Umerziehungsprozess" stärker angelsächsische journalistische Traditionen zu etablieren.

„Umerziehung" und „vierte Gewalt"

Was in Westeuropa auf die „Stunde null" folgte, macht deutlich: Wenn in zeitgenössischen Debatten davon die Rede ist, dass der Niedergang der Printmedien, vor allem der Tageszeitungen, ein demokratiepolitisches Problem aufwerfen würde, nämlich die Schwächung der Zeitung als Bestandteil der „vierten Gewalt", handelt es sich im Wesentlichen um ein Projektionsphänomen. Die Hypothese, dass es sich bei der Rolle, die Medien im Rahmen der politischen Öffentlichkeit spielen, um eine Art inhärentes, Demokratie und Freiheit förderndes Prinzip des Medienwesens selbst handle, lässt sich historisch-empirisch nicht belegen, auch und gerade nicht durch das Umerziehungsprojekt der Siegermächte.

Von den ersten theoretischen Überlegungen zum Thema „vierte Gewalt"[38] bis zur Wiedererrichtung des Pressewesens nach dem Zweiten Weltkrieg ging es immer um die Instrumentalisierung der Medien zur Absicherung der staatlichen Machtausübung in der jeweils für wünschenswert gehaltenen Form - oder aber um die Etablierung eigener Machtstrukturen durch politisch ambitionierte Publizisten. Ersteres kennzeichnet die kontinentaleuropäische Entwicklung, Letzteres die angelsächsische Tradition. Das heute handelsübliche Verständnis von „vierter Gewalt" als demokratieförderndes Korrektiv der herrschenden Machtverhältnisse ist eine idealistische Fiktion.

Die Familien Schwingenstein, Goldschagg und Schöningh erhielten die erste Zeitungslizenz der alliierten Militärregierung Ost: Erstausgabe der *Süddeutschen Zeitung* vom 6. Oktober 1945.

Was wir heute im deutschsprachigen Raum für die schon immer dagewesenen Institutionen der „vierten Gewalt" halten, sind ausnahmslos Nachkriegskonstruktionen: Die *Süddeutsche Zeitung* erschien als erstes Lizenzerzeugnis der Militärregierung Ost im Oktober 1945, herausgegeben von den Lizenznehmern August Schwingenstein, Edmund Goldschagg und Franz Josef Schöningh. Sie sah sich in der Nachfolge der im Revolutionsjahr 1848 gegründeten *Münchner Neuesten Nachrichten* und dokumentierte das später, indem sie ihren Münchner Lokalteil so nannte. *Die Welt*, gegründet von den Siegermächten, erschien erstmals am 2. April 1946 in der Besatzungszone in Hamburg. 1952 wurde sie von Axel Springer übernommen, der im Jahr zuvor *Bild* gegründet hatte. Die Gründung der *Frankfurter Allgemeinen Zeitung* schließlich ging auf einen Beschluss der Wirtschaftspolitischen Gesellschaft (Wipog) zurück, eines Vereins von Unternehmern, die ihre Interessen in der Öffentlichkeit stärker vertreten sehen wollten. Die erste Ausgabe der *FAZ* erschien am 1. November 1949.

Aber auch andere Zeitungstitel, die heute gewissermaßen zum journalistischen Weltkulturerbe gezählt werden, sind vergleichsweise jung: Das französische Weltblatt *Le Monde* etwa geht auf eine Umerziehungsinitiative von Charles de Gaulle zurück, der nach der Befreiung Frankreichs wieder eine anspruchsvolle Tageszeitung erscheinen lassen wollte. In der Zwischenkriegszeit hatte die

1942 von den Deutschen geschlossene Tageszeitung *Le Temps* diese Rolle gespielt, eine Gründung des Jahres 1861, die während der Dritten Republik eine zentrale Rolle gespielt, in der Zwischenkriegszeit als offiziöses Organ des französischen Außenministeriums gegolten, jedoch ihr Ansehen wegen der Kollaboration mit der deutschen Besatzungsmacht verspielt hatte. *Le Monde* übernahm sowohl das Redaktionsgebäude von *Le Temps* als auch deren typografisches Erscheinungsbild.

Medienökonomisch hat die „Stunde null" die Ungleichzeitigkeit der Entwicklungen zwischen Kontinentaleuropa und dem angelsächsischen Raum, die mit der nationalsozialistischen Machtergreifung Anfang der 30er Jahre und der Beherrschung der Medienszene durch den NSDAP-Verlag rund um die Eher-Gruppe und das Hugenberg-Imperium entstanden ist, um einige Jahre verlängert.

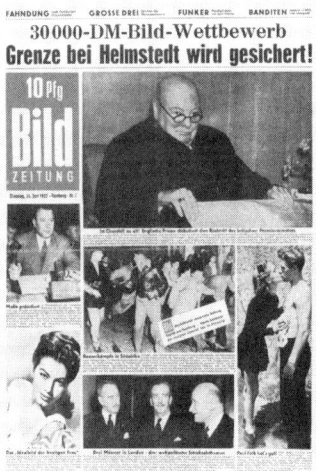

Axel Cäsar Springer (1912-1985) stieg nach dem Krieg zum deutschen Zeitungszaren auf. 1952 übernahm er die 1946 von den Briten gegründete *Welt*, nachdem er 1951 mit der *Bild* das erfolgreichste europäische Boulevardmedium gegründet hatte.

Aber ab der Mitte der 50er Jahre fand auch in Deutschland statt, was in Amerika und England bereits in der ersten Jahrhunderthälfte begonnen hatte: ein Konzentrations- und Konsolidierungsprozess in der Zeitungslandschaft, der ganz wesentlich durch den Konkurrenzdruck der elektronischen Medien Radio und Fernsehen getrieben wurde.

Hatten 1954, als der „Bundesverband der Deutschen Zeitungsverleger" gegründet worden war, noch 225 selbständige Zeitungen mit 1.500 Ausgaben in 624 Verlagen existiert, so waren es 1976 nur noch 121 Zeitungen mit 1.229 Ausgaben in 403 Verlagen. Die amerikanische Entwicklung hin zu regionalen Monopolen („Ein-Zeitungs-Kreise") setzte sich in Deutschland durch. Auch in Frankreich hatte sich im selben Zeitraum die Zahl der Zeitungen halbiert, in Großbritannien wurden bereits 30 Prozent des Marktes von drei Verlagen beherrscht. Erneut wurde dieser Schrumpfungsprozess von einem rasanten Aufstieg der Boulevardpresse kontrastiert: Die *Bild-Zeitung*, nach dem Vorbild britischer Blätter wie des *Daily Mirror* konzipiert, wurde innerhalb weniger Jahre zur auflagenstärksten Zeitung Europas. In Österreich und in der Schweiz kam der Boulevard erst ein knappes Jahrzehnt später in Fahrt, durch die unter bis heute nicht restlos geklärten Bedingungen erfolgte Wiedergründung der *Kronen Zeitung*[39] und des *Blick* jeweils im Jahr 1959. Der Konzentrationsprozess lässt sich nicht zuletzt daran ablesen, dass die *Kronen Zeitung* seit 1987

Die Anfänge der *Neuen Kronen Zeitung*, vor allem die finanziellen, liegen nach wie vor im Dunkeln: Erstausgabe vom 12. April 1959.

gemeinsam mit dem *Kurier* zur Essener *WAZ*-Gruppe gehörte, die seit 2012 als „Funke Mediengruppe" firmiert und als solche im Jahr 2013 die Springer-Regionalblätter *Hamburger Abendblatt* und *Berliner Morgenpost* übernommen hat.

Der Rest der Geschichte ist bekannt: Ende der 60er Jahre kam das Farbfernsehen zunächst in den öffentlich-rechtlichen Anstalten, in den 80er Jahren begann der Aufstieg der privaten Fernsehanstalten (Österreich hatte auch hier gut eineinhalb Jahrzehnte Verspätung aufzuweisen). Die Zeitungen haben auf alle diese Herausforderungen reagiert: Inhaltlich versuchte man, durch eine wesentliche Verbreiterung des Angebotes in Form von Beilagen und Special-Interest-Sektionen die durch das Fernsehen getriggerten Unterhaltungsbedürfnisse zu befriedigen. Auf dem Werbemarkt sollten millionenschwere Investitionen in neue Drucktechnologien, die durchgängigen Vierfarbdruck ermöglichten, verhindern, dass man den Anschluss an die Welt der bunten Bilder verlor.

Mitte der 90er Jahre tauchte dann in Form des World Wide Web, das sich vom Kommunikationsnetz für Wissenschaft, Forschung und Militär zum Medium entwickelte, die aktuellste Bedrohung auf. Nachdem die Zeitung als „Öffentlichkeit" längst von der „Fernsehöffentlichkeit" überflügelt worden war, stirbt sie nun auch als Produkt, das täglich auf Papier gedruckt und an die Leserschaft ausgeliefert wird. Man stirbt bekanntlich nur zwei Mal.

William Shakespeare (1564-1616) zeigte zunächst
kein gesteigertes Interesse an der Verfertigung
autoritativer Texte. Sein Ort war die Bühne.
Das ewige Leben des Journalismus: Denen,
die es hören wollen, interessante Geschichten
erzählen, und zwar dort, wo das Publikum es
hören will und kann.

DAS EWIGE LEBEN

Der Blick zurück zeigt, dass die „Zeitung" - konkreter: die „Tageszeitung", also ein täglich auf Papier gedrucktes und gegen Entgelt in großer Zahl an die Konsumenten ausgeliefertes Paket an Information und Unterhaltung - zwei Tode gestorben ist: Erstens ist die Tageszeitung nicht mehr jenes vom konstitutionellen Mythos der „vierten Gewalt" umwehte „Gespräch einer Nation mit sich selbst", von dem Arthur Miller gesprochen hatte; und zweitens hat sie aufgehört, Trägerin eines validen Geschäftsmodells zu sein. Man kann natürlich aus guten Gründen behaupten, dass sie aber drittens noch existiert. Diese Behauptung ist empirisch schwer zu widerlegen. Allerdings handelt es sich um eine Existenz „in statu abeundi", wie ein Blick auf die schwindenden Auflagenzahlen, vor allem aber auf die Anzeigenumsätze zumindest in den entwickelten Ländern Europas und Nordamerikas zeigt.

Natürlich hoffen die Eigentümer und die Hausmeister in den Zeitungsunternehmen, dass dieser „status abeundi" sich am Ende der Strecke als eine Art Übergangszustand erweisen möge. Und natürlich hoffen sie auch, dass diese Übergangsphase, in der das Geschäftsmodell für die gedruckte Tageszeitung nicht mehr und das Geschäftsmodell für ihre „Übersetzung" in die digitale Welt in Form von Nachrichtenportalen - mit sehr wenigen Ausnahmen - noch nicht funktioniert, möglichst kurz sein möge. Zumindest so kurz, dass die Reserven, die es in den Häusern gibt, dafür sorgen, dass man nicht derjenige ist, der das Licht abdreht.

Die am weitesten verbreitete Optimismus-Formel geht ungefähr so: Scheißegal, ob es die Tageszeitung in Zukunft als gedrucktes Produkt noch geben wird oder nicht; wichtig ist, dass es das

„Prinzip Zeitung" noch gibt, und das „Prinzip Zeitung" ist gleich-zusetzen mit „professionellem Journalismus", und der professio-nelle Journalismus wird eben ewig leben. Weil ihn die Gesellschaft braucht, auch wenn sie das vielleicht noch gar nicht weiß. Und so hat sich im Krisenjahr 2013 - als besonders besorgniserregende Krisensymptome galten der Verkauf der altehrwürdigen *Washing-ton Post* an Amazon-Gründer und „Büchermörder" Jeff Bezos und der Umstand, dass die Axel Springer AG sich vom *Hamburger Abendblatt* und der *Berliner Morgenpost* getrennt hat - eine Gruppe von *Spiegel*-Redakteuren unter der Führung von Cordt Schnibben daran gemacht, einen Rettungsplan zu erstellen.[1]

#Tag2020

Die *Spiegel*-Mannen sagten klar, was sie wollten: „Eine Debatte initiieren, die den Lesern klarmacht, wie dramatisch die Lage der Zeitungen ist und dass sie etwas verlieren können, was sie vermis-sen werden, wenn es verschwunden ist. Die beschreibt, warum Millionen Deutsche nicht mehr zur Tageszeitung greifen, die all das bündelt, was Leser, Journalisten, Blogger, Medienexperten an den Tageszeitungen kritisieren. Die diese Kritik gewichtet und in das Konzept einer Tageszeitung gießt, die den Bedürfnissen vieler Leser - besonders jüngerer Leser - mehr entspricht. Die aufzeigt, warum die Digitalisierung dem Journalismus mehr geben als neh-men kann, wenn wir das Richtige tun. Und die am Ende die Tages-zeitung wieder zum Marktplatz der Öffentlichkeit macht."

Weil *Spiegel*-Redakteure gebildete Menschen sind, präsentier-ten sie ihren Rettungsplan als Weiterentwicklung dessen, was vor einem halben Jahrhundert Jürgen Habermas und Niklas Luhmann versucht hatten: ein anschauliches Modell für den jüngsten „Struk-turwandel der Öffentlichkeit":

Strukturwandel

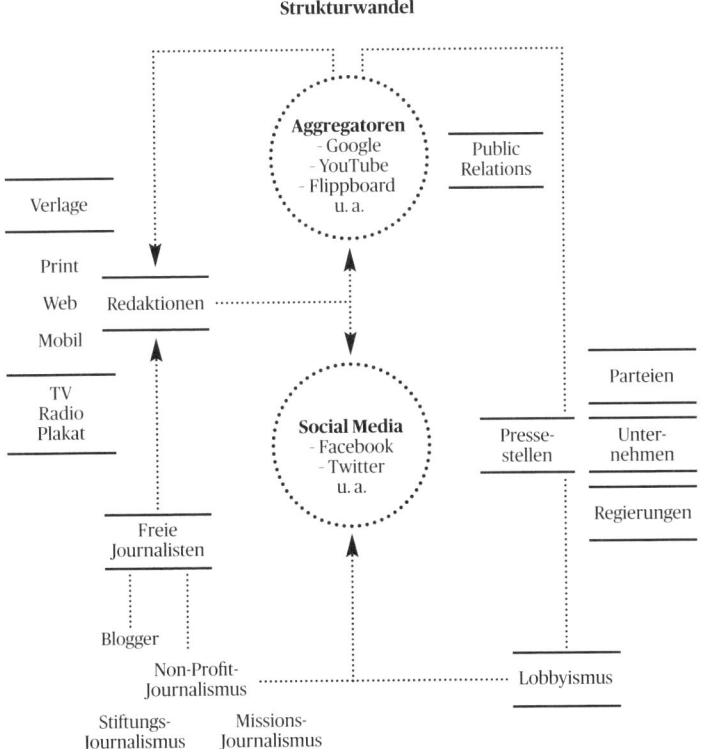

Dass die Journalisten die Dinge wieder selbst in die Hand nehmen, kann nicht schaden. Dass sie es mit der volkspädagogischen Haltung tun, die für die Entwicklung der Nachkriegsjahrzehnte so typisch geworden ist - „jetzt zeigen wir euch mal, was ihr verliert, wenn ihr weiterhin so dämlich seid, liebe Leser, euch von uns nicht mehr die Welt erklären zu lassen" -, muss einen nicht wirklich wundern. Die Einschätzung, dass es den Journalismus geben wird, was immer mit der gedruckten Tageszeitung passieren wird, ist wohl zutreffend. Ebenso zutreffend ist, dass der Journalismus, der sich derzeit selbst beschwört, Teil der Krankheit ist, als deren Heilung er sich ausgibt.

Das hat in Deutschland und Österreich vor allem damit zu tun, dass sich die Journalisten als eine eingesetzte pädagogische Institution verstehen - verführt durch das von den Besatzungsmächten durchgesetzte Narrativ, die Medien als „vierte Gewalt" seien von oben legitimiert (in diesem Fall von den Siegermächten, die sich den von den Nationalsozialisten Verführten aus nachvollziehbaren Gründen moralisch und politisch überlegen fühlten). Das Bild, das sie von sich haben, ist nicht das eines Mitarbeiters in einem Dienstleistungsunternehmen, sondern sie begreifen sich als Gottes (oder, je nach ideologischer Präferenz: des Weltgeistes) Geschenk an die Demokratie. Weil man ihnen jahrzehntelang eingeredet hat, dass ihre Tätigkeit, und zwar bereits von den Anfängen in der lokalen Kriminalberichterstattung an, am ehesten mit jener von Verfassungsrichtern zu vergleichen sei, benehmen sie sich auch so.

Jetzt beginnen wir Journalisten also, über uns selbst, unsere Branche und deren wirtschaftliche Rahmenbedingungen nachzudenken, selbstverständlich öffentlich, denn wenn es einer Säule der Demokratie schlecht geht, geht das nicht nur die Branche etwas an, sondern zumindest alle (alle sollen ja auch im Zweifel für die Subventionen aufkommen, mit denen man den bisherigen Betrieb, wenn es anders nicht geht, aufrechterhalten soll). Dieses öffentliche Nachdenken über die eigene Situation leidet in der Regel darunter, dass die nachdenkenden Journalisten von den ökonomischen Rahmenbedingungen, unter denen sie unter Umständen schon ein Leben lang arbeiten, keine Ahnung haben. Es wäre weltweit in keiner anderen Branche denkbar, dass ziemlich gut bezahlte Führungskräfte (zum Beispiel die Ressortleiter großer Zeitungen) über das Geschäftsmodell der eigenen Branche exakt nichts wissen.

Hätte irgendein Teilbereichsleiter in der Autoindustrie oder ein Chefanimator in der Tourismusindustrie das Branchenwissen einer journalistischen Führungskraft, würde er in der Sekunde seinen Job verlieren. In der Medienbranche gilt es hingegen nach wie vor als Zeichen der heroischen Unbeugsamkeit und des unverbrüchlichen Qualitätsbewusstseins. Dass es mit der Branche ein Problem gibt, wissen die Damen und Herren Edeljournalisten nicht aus eigener Anschauung, sondern aus den Mitteilungen ihrer Unternehmensleitungen, die meistens mit der Ankündigung von Stellenabbauplänen einhergehen, was die Betroffenen natürlich erstens für katastrophal, zweitens für unbotmäßig und drittens für einen unwiderlegbaren Beweis dafür halten, dass die giergetriebenen Gepflogenheiten des kapitalistischen Systems auch vor den heiligen Hainen der Medien und des Journalismus nicht mehr haltmachen.

Das kleine Ich im geistigen Zusammenhang

Ja, das „Prinzip Zeitung" wird selbst diese Krise überleben, weil das „Prinzip Journalismus" das ewige Leben hat. Wir erinnern uns an Walther Heides bereits 1931 beschriebenen Mechanismus: „In stets wechselnden Ausdrucksformen, je nach Bedürfnis und Bildung, je nach den technischen Möglichkeiten, ob nun aus dem Munde des fahrenden Sängers, der Feder des Novellanten oder der Druckerpresse hervorgehend, immer schon suchte sich der Mensch ein Instrument zu gestalten, das sein kleines Ich in geistigen Zusammenhang bringt mit der eigenen Gegenwart und der ihn umgebenden Welt." Mittelmäßige Journalisten haben im Lauf der Zeitungsgeschichte gelernt, auf diesen Instrumenten einigermaßen fehlerfrei zu spielen, wirklich gute Journalisten sind zu Instrumentenbauern geworden. Heute bauen sich die Menschen jene Instrumente, die ihnen dazu dienen, ihr kleines Ich in geisti-

Die beiden Gesichter der digitalen Kommunikation: Facebook-Gründer Mark Zuckerberg (links) sammelt Milliarden von Datensätzen. Edward Snowden (rechts) deckte auf, dass die NSA diese Daten auswertet.

gen Zusammenhang mit der Gegenwart zu bringen, selber, weil ihnen die neuen Instrumentenbauer - Steve Jobs, Mark Zuckerberg, Larry Page & Sergey Brin - günstige Selbstbausätze anbieten. Der Vorteil ist, dass sie sowohl das Instrument als auch die Noten und die Aufnahmen der Profis gratis bekommen. Der Nachteil ist, dass, wie man spätestens seit dem Sommer 2013 mit den NSA-Enthüllungen des Whistleblowers Edward Snowden weiß, die dabei von den Nutzern produzierten Daten sowohl kommerziell als auch geheimdienstlich verwertet werden. Potenziell zumindest, denn die Idee, dass die Damen und Herren von der NSA jeden einzelnen Weltbürger und seine Unterhaltungen oder Lektüren verfolgen, ist doch eher das Produkt einer publizistischen Strategie, die versucht, das zunehmende Unbehagen über die potenzielle Totalüberwachung zu monetarisieren.

Frank Schirrmacher, der für das Feuilleton zuständige Mitherausgeber der *Frankfurter Allgemeinen Zeitung*, ist ein Meister solcher publizistischer Strategien. Er ist mit einem exzellenten Gespür für Themen ausgestattet, die auch in eleganteren Zielgruppen hysterisierungsfähig sind, und er beutet diese Themen in einem Medienmix aus, zu dem in der Regel ein Buch-Bestseller gehört. Das haben gute, unternehmerische Journalisten immer getan. Und sie hatten immer eine gewisse Robustheit, was die

Widersprüche betrifft, die sie dabei produzieren. Frank Schirr-macher sagte in der Umfrage, die *Der Spiegel* für seine Zeitungsge-schichte unter Zeitungsmachern durchgeführt hatte: „Die Zeitung ist die richtige Antwort auf solch neue Ängste, sie ist das einzige nicht überwachungsfähige Medium."

Man kann der Überlegung ein gewisses Maß an Originalität nicht absprechen: Das eigene analoge Medium wird als einzige ver-fügbare Antwort auf die Angst vor der digitalen Totalüberwa-chung präsentiert, die man zuvor im analogen Medium Buch selbst geschürt hat.[2] Dabei muss man sich freilich darauf verlassen (können), dass auch das Oberschichtpublikum, mit dem man es zu tun hat, nicht mitkriegt, wie absurd das Argument ist. Die Zu-kunft der Zeitung auf dem Umstand aufzubauen, dass bedrucktes Papier nicht abgehört werden kann, ist ungefähr so schlüssig wie die Annahme, die Zukunft der Transportindustrie gehöre den Pferdefuhrwerken, weil man aus den Pferden, wenn man nicht mehr weiterkommt, wenigstens Leberkäse machen könnte.

Auch wenn in vielen Redaktionen seit einiger Zeit Prozesse lau-fen, welche die Zusammenlegung von Print- und Onlineabteilun-gen zum Ziel haben, denken die Redaktionsverantwortlichen, wenn sie über die Zukunft nachdenken, nicht in erster Linie an das „Prinzip Zeitung", also die Etablierung von professionellem Jour-nalismus in den neuen digitalen Zusammenhängen, sondern sie denken an die Erhaltung des Printprodukts. Die Umfrage, die Cordt Schnibben im Zuge seines *Spiegel*-Projekts gemacht hat, un-terstreicht diesen Eindruck. Brigitte Fehrle etwa, die Chefredak-teurin der während der vergangenen Jahre arg gebeutelten *Berli-ner Zeitung* - sie wurde zunächst von der „Heuschrecke" Thomas Montgomery übernommen, dann mit der inzwischen von der *FAZ* übernommenen *Frankfurter Rundschau* zwangsfusioniert -, hofft auf zusätzliche digitale Erlöse, damit das Printprodukt nicht stirbt. Denn ohne Papier-Zeitungen, meint sie, „haben wir irgendwann einmal eine Wüste von wilden Informationen, die durch die Welt geistern und von niemandem mehr sortiert, geordnet und geprüft werden".

Einen ähnlichen Ton schlägt Stephan-Andreas Casdorff an, einer der beiden Chefredakteure des Berliner *Tagesspiegel*: „Es geht darum, um ein Kulturgut zu kämpfen, um ein konstitutives Element der Demokratie, um Presse- und Meinungsvielfalt." Das rechtfertige jede Anstrengung, das zähle mehr als Renditeerwartungen, Geschäftsmodelle und Verlagsstrategien. Und Dirk von Gehlen, der für die *Süddeutsche Zeitung* das digitale Jugendmagazin *jetzt.de* geleitet hat, sieht in einer Tageszeitung „mehr als das Papier, auf dem sie gedruckt ist". Das Beispiel des *Guardian* und seiner Rolle in der Berichterstattung über Edward Snowdens NSA-Enthüllungen zeige, dass die Redaktion einer Tageszeitung durch Geld, Kompetenz und Haltung so etwas wie ein „Ort der Freiheit" sei - mit der Unterstützung der Leser und Abonnenten, die diese Haltung teilen.

Gehlen gehört gewiss nicht zu den „Print-Stalinisten", im Gegenteil: Er ist der Autor von *Mashup*[3], einem Essay, in dem er sich mit der Kultur des Kopierens, neu Zusammenstellens und Samplings als einem wesentlichen Merkmal des digitalen Zeitalters durchaus wohlwollend auseinandersetzt. Er hat sich damit auf eine Fährte gesetzt, die zu jenem Projekt führt, das gegenwärtig vermutlich am meisten zum Verständnis der neuen Welt beitragen kann, in der wir uns seit geraumer Zeit befinden und in der es den Protagonisten und Profiteuren der Printwelt so unbehaglich geworden ist: zum Projekt „Gutenberg-Parenthese".

Die Theorie von der Gutenberg-Parenthese

Wie schon Marshall McLuhans Überlegungen aus den frühen 60er Jahren, so stammen die interessantesten Ansätze zur Erklärung der Veränderungsprozesse, die die Medienwelt gerade durchlebt, ebenfalls aus der Literaturwissenschaft: Forscher vom Institut für Literatur, Medien und Cultural Studies der Universität von Süddänemark betreiben unter dem Titel „Gutenberg Parenthesis" ein Forschungsprojekt zum Thema „Druck, Buch und Erkenntnis". Der Titel stammt vom Leiter des „The Gutenberg Parenthesis Research Forum": von Lars Ole Sauerberg.

Der international prominenteste Vertreter der neuen Theorie ist der Englisch-Professor Thomas Pettit, der sie seit einigen Jahren in Vorträgen und Workshops an den wichtigsten Plätzen der Branche, vom Nieman Lab bis zum MIT, vertritt und diskutiert.

Oral	Textual	Shared
Scribal	Linear	Remixed
Shared	Permanent	Distributed
Remixed	Authored	Collaborative
Patronage	One-way	Conversational
Anonymous	One-to-many	Process vs. product
Ancient vs. modern	Products	

Die Theorie von der Gutenberg-Parenthese besagt, dass die vergangenen 500 Jahre seit der Erfindung des Buchdrucks ein „Einschub", eine Anomalie in der kulturellen Entwicklungsgeschichte der Menschheit waren. Syntaktisch unterbricht die Parenthese einen Gedanken, der nach dem Einschub weitergeht, in diesem Fall symbolisiert sie eine Entwicklung über die Zeit, bei der das Davor und das Danach mehr miteinander zu tun haben als jeweils mit dem Inhalt der Parenthese selbst. Es geht also im Kern um eine Art Wiederherstellungsprozess, und was da wiederhergestellt wird, ist die Leitfunktion der oralen Kultur im Rahmen der kulturellen Evolution.

Pettit ist Professor für englische Literatur, es liegt also nahe, dass er seine Überlegungen an jener Figur festmacht, die wie keine andere die literarischen Verhältnisse des Elisabethanischen Zeitalters am Beginn der Gutenberg-Galaxis repräsentiert: William Shakespeare. Gegenüber seinen Studenten, die er maßregelt, wenn er sie beim Abschreiben erwischt, sieht er sich in der Situation des Universitätslehrers und Dichters Robert Greene, der 1592 einen jungen Schauspieler und Autor als Emporkömmling brandmarkte, der es sich anmaße, zu dichten, obwohl er kein Universitätsstudium vorweisen könne: „There is an upstart Crow, beautified with our feathers, that with his Tygers hart wrapt in a Players hide, supposes he is as well able to bombast out a blanke verse as the best of you: and beeing an absolute Johannes fac totum, is in his owne conceit the onely Shake-scene in a countrey." („Denn es gibt eine emporgekommene Krähe, fein herausgeputzt mit unseren Federn, die mit ihrem Tigerherz, in einem Schauspielergewand versteckt, meint, Blankverse ausschütten zu können wie die Besten von euch; und als ein absoluter Hans-Dampf-in-allen-Gassen kommt er sich als der einzige Theater-Erschütterer im Land vor.")

Der Adressat dieses Pamphlets hieß William Shakespeare, wie die Anspielung in dem Ausdruck „Shake-scene" am Ende deutlich macht. Seine zum „Mashup" neigenden Studenten, sagt Thomas Pettitt, hätten etwas mit Shakespeare gemeinsam, so wie er etwas mit Professor Greene gemeinsam habe: „Greene und ich, wir sprechen von innerhalb der Gutenberg-Parenthese." Shakespeare war Theater-Mitbesitzer, Schauspieler und Autor, der existierende Stoffe aufnahm und, auch anhand der allabendlichen Publikumsreaktionen, weiterentwickelte, weitersprach - aber eben zunächst nicht weiterschrieb: *Romeo und Julia* wurde viele Jahre lang aufgeführt, ehe das Stück zum „Stück" im Sinne eines kanonisierten, gedruckten Textes wurde.

Wenn die Theorie stimmt, dann besteht also die Norm in der oralen Kultur - die Printkultur der vergangenen 500 Jahre stellt die Abweichung von der Norm dar. Google, Facebook, Twitter und das iPad hätten dann mit der mündlichen Erzähl- und Theatertradition des späten Mittelalters mehr gemeinsam als mit Büchern, Zeitungen und Magazinen. Die Parallelen, die Pettitt und „diese

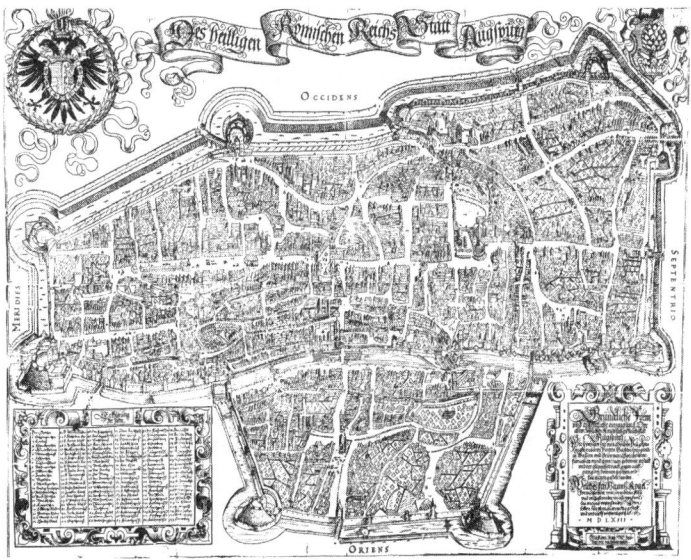

Die Logik von Wissen und Kommunikation nach der Gutenberg-Paranthese folgt nicht fixierten Codices, sondern der Netzwerkstruktur von mittelalterlichen Stadtplänen wie jenem von Augsburg.

Dänen" herausarbeiten, sind schwer von der Hand zu weisen: Der Wahrheitsbegriff beispielsweise, der während des Druckzeitalters fein säuberlich zwischen Buchdeckeln aufbewahrt worden war, ist heute ähnlich fluid geworden, wie er es in der Vor-Gutenberg-Zeit gewesen ist.

Die Quellen, aus denen wir unser Wissen beziehen, stellen sich nicht mehr als fixierte Indices und Codices dar, sondern als eine Art Gesprächsprozess. Der *Brockhaus* und die *Encyclopedia Britannica* sind nicht mehr die unverrückbaren Grundmauern des Wissensgebäudes, wir verlassen uns auf die sich ständig erweiternden und verändernden Informationen, die wir aus *Wikipedia* beziehen, ohne uns wirklich auf sie zu verlassen, weil wir wissen, dass etwas, das heute wahr ist, sich morgen als falsch herausstellen kann. Die Anordnung der Quellen, aus denen wir Informationen und Wissen beziehen, ähnelt in ihrer Struktur eher dem netzartigen Bauplan einer mittelalterlichen Stadt als der linearen Ordnung einer Bibliothek.

Die Grundfrage, die schon McLuhan - und zwar ebenfalls unter Bezugnahme auf Shakespeare und die Renaissance - mit seiner zum Sprichwort gewordenen Behauptung „The medium is the message" angeschnitten hatte, nämlich ob neue Technologien nicht auch die Art und Struktur unseres Denkens ändern, wird hier noch einmal expliziter gestellt. Die lineare Wissensorganisation in Kategorien scheint ein typisches Merkmal zu sein, das die Gutenberg-Ära sowohl vom Mittelalter als auch von der digitalen Gegenwart unterscheidet. Im Mittelalter konnte ein Geflüster, das sich durch die Straßen und Plätze der Stadt verbreitete, das „allgemeine Wissen" über Personen und Dinge verändern, heute wird die Struktur unseres Wissens von den jeweiligen Updates in der Software für unsere Google-Suchmaschinenoptimierung mitkonfiguriert. „Schwarmintelligenz", „kollektives Wissen", „Netzwerkdenken": Begriffe, die sowohl die Zeit vor der Erfindung des Buchdrucks als auch unsere digitale Gegenwart in Abgrenzung zu den Prinzipien von Autorenschaft und Kanonbildung beschreiben, die sich in der Gutenberg-Ära herausgebildet haben.

Die alte Idee der „Restauration"

Die Idee, dass es sich bei den Auswirkungen der digitalen Revolution auf Wissen, Kommunikation und Medien um irgendeine Art von „Restauration" handeln könnte, hat sich kontinuierlich entwickelt. Wie bereits erwähnt, hatte bereits Marshall McLuhan in der *Gutenberg-Galaxis* so eine Ahnung. Er sah die Bedrohung der Printwelt, die zu seiner Zeit durch Radio, Fernsehen und Film manifest geworden war, als eine Art Herstellung früherer, nämlich nicht-literaler Bedingungen. McLuhan meinte, wir hätten keine gröberen Probleme mit der Verarbeitung von nicht-literalen Erfahrungen, weil wir sie in unserer eigenen Kultur auf elektronische Weise wieder erschaffen hätten.

McLuhans Schüler Walter Ong hat diesen Weg weiterverfolgt und ist mit seinem Klassiker *Orality and Literacy. The Technologizing of the World* der bedeutendste Wegbereiter des „Restaurations"-Gedankens in der Beschreibung der digitalen Entwicklung.[4] Ong arbeitete die neue Bedeutung des gesprochenen Wortes in den Massenmedien Radio und Film im Gegensatz zu den Printmedien heraus und machte zugleich deutlich, dass es sich dabei nicht einfach nur um die Wiederherstellung des Zustandes von vor 500 Jahren handelte. Damals habe man es mit einer „primären Oralität" zu tun gehabt, heute hingegen mit einer „sekundären Oralität", die durch die technisch ausgefeilte Nutzung literaler Techniken gekennzeichnet sei.

Interessante Beiträge zu der Debatte kamen natürlich aus der Mittelalterforschung selbst, wo sich unter dem Begriff „Neue Philologie" eine Schule entwickelte, der die Annahme zugrunde liegt, dass auch die Schreiber in den mittelalterlichen Schreibstuben keine reinen Kopisten gewesen seien, sondern beim Vervielfältigen bewusst oder unbewusst Dinge wegließen und andere dazufügten. Sie schrieben also zum Teil das, von dem sie dachten, dass es der Autor hätte schreiben sollen. Mitte der 90er Jahre taucht der Begriff „Cyberspace Renaissance"[5] auf; 1998 veröffentlicht James Dewar ein Positionspapier für die Rand Corporation mit dem Titel *The Information Age and The Printing Press: Looking Backward to See Ahead.*[6]

Inzwischen beschränkt sich die These, dass wir mit dem Schließen der Gutenberg-Klammer dort weitermachen, wo wir am Ende des Mittelalters aufgehört haben, nicht mehr nur auf die Beschreibung der Mediensituation. In einer kanadischen Politikzeitschrift wurde nach einem Vortrag von Thomas Pettitt[7] im Mai 2012 die These publiziert, dass auch das politische Gefüge, das wir derzeit

Was in den Medien „vor Gutenberg" heißt, heißt in der Politik „vor dem Westfälischen Frieden": Flugblatt zum Friedensschluss (1648).

beobachten, sich in eine Richtung entwickle, die dem Westfälischen Frieden ähnle, der 1648, am Ende des Dreißigjährigen Krieges, unterzeichnet wurde (zur Erinnerung: Diese Periode brachte den ersten großen Wachstumsschub für die Zeitungen, weil der Informationsbedarf aus Sicherheitsgründen erheblich gewachsen war).

So wie Gutenbergs Erfindung die Welt des Wissens und der Information für die nächsten 500 Jahre prägte, prägte der Westfälische Friede mit seinem Konzept der territorialen Souveränität die nächsten 350 Jahre des politischen Denkens und Handelns. Und so wie in den vergangenen Jahrzehnten das Printkonzept an Bedeutung verlor, so verlor im selben Zeitraum das Konzept der Souveränität seinen „eisernen Griff" auf die internationalen Beziehungen, schreibt Anouk Dey.[8] Es entwickelten sich regionale supranationale Organisationen, die Intervention in souveränen Staaten wurde zur Norm. 2001 wurde „Souveränität" von der Internationalen Kommission für Intervention und Souveränität vollkommen neu definiert: Der internationalen Gemeinschaft ist jetzt nicht nur erlaubt, sie ist sogar verpflichtet, in Staaten, die scheitern, zu intervenieren, um deren Bevölkerung vor Kriegsgräueln zu bewahren.

Wenn wir sehen wollen, wie es mit Wissen, Kommunikation und Medien in der Zukunft weitergeht, müssen wir in die Vergangenheit schauen, das ist es, was Thomas Pettitt und „diese Dänen" sagen. Die Zukunft, so scheint es, wird ein Spiegelbild der Vergangenheit sein, das die Veränderungen, die im Wechsel von der Schrift zum bewegten Bild zu den elektronischen Medien zu den digitalen Medien liegen, umkehrt zu den Veränderungen, die im Wechsel von der handschriftlichen Vervielfältigung zum Druck, davor von der Erinnerungskultur zur Schriftkultur und davor von der Improvisationskultur zur Erinnerungskultur zeigt.

Aber wir reden nicht mehr von den linearen, kodifizierten und kanonisierten Welterklärungsmodellen der Gutenberg-Ära, sondern vom Netzbauplan der Renaissance-Städte. Da findet nicht alles zur gleichen Zeit mit der gleichen Logik statt. Es haben ja auch seinerzeit nicht alle Subkulturen einer kulturellen Formation die Gutenberg-Parenthese zur selben Zeit betreten. Als Shakespeares Sonette bereits gedruckt waren, darauf weist Thomas Pettitt oft hin, wurden die Stücke noch immer improvisiert. Es dauerte wohl bis ans Ende des 18. Jahrhunderts, in die „Klassik" hinein, bis sich tatsächlich keiner mehr vorstellen konnte, dass es etwas anderes gab als das neue Gutenberg-Denken. Und ab diesem Zeitpunkt begann man jene Reste des Alten, die solche großen Umwälzungen immer überdauern, als „Folklore" zu bezeichnen.

In ihrer konkreten Anwendung auf die Printmedien und ihre Zukunftsaussichten sind die Vertreter der Gutenberg-Parenthese sehr vorsichtig. Der Journalismus und die Zeitungen müssten eben ihren Weg finden, „indem sie sich unterscheidbar machen in den überlappenden Formen von Kommunikation in der neuen Welt". Die Menschen würden jedenfalls schon jetzt nicht mehr denken, dass etwas, wenn oder weil es in der Zeitung steht, wahr sein müsse. Auch Zeitungen verbreiten „urban legends", wie wir jetzt wissen. Und der professionelle Journalismus wird sich irgendwo in diesem kommunikativen Chaos, in dem man den Status und den Wert einer Nachricht nicht mehr an ihrer Form erkennen kann, einen neuen Platz erkämpfen müssen.

Denn das Axiom, auf dem ihre Stärke für so lange Zeit beruhte - dass nämlich Gedrucktes als Garantie für Wahrheit und Gesprochenes als Unterminierung dieser Wahrheit angesehen wird -, dieses Axiom gilt nicht mehr. Da könnte es sich lohnen, zurückzusehen ins 15. und 16. Jahrhundert, als es noch keine oder doch nur sehr basale Formen formaler Kommunikation gab (unregelmäßige Einblattdrucke etc.): Was haben die Menschen damals, als es noch keine Bücher gab, gemacht, um „die Wahrheit" herauszufinden? Auf welcher Grundlage trafen sie ihre Entscheidung, der einen Information zu vertrauen und der anderen nicht? Die Vertreter der Theorie von der Gutenberg-Parenthese gehen davon aus, dass die Antworten, die wir heute auf die neu auftauchende Frage, wem man denn in dem um sich greifenden kommunikativen Chaos vertrauen solle, nicht sehr viel anders ausfallen würden als vor 500 Jahren.

Die Idee, dass wir jetzt, am Ende der Gutenberg-Parenthese, wieder dort angelangt wären, wo wir schon im Jahr 1500 waren, wäre allerdings zunächst einmal auch ein Produkt linearer bzw. zirkulärer Logik. Ania Wieckowski von der *Harvard Business Review Press* bezieht ihre Skepsis vor allem auf die medienökonomische Kernfrage des Urheberrechts: Unsere moderne Ökonomie, schreibt sie auf ihrem Blog[9], hänge ganz wesentlich an der Übereinkunft, dass der Schöpfer geistigen Eigentums gewisse Rechte erwirbt, die ihm abgegolten werden müssen, und zwar nicht nur in der Medienwelt. Würde, wenn die Gutenberg-Parenthese die Entwicklung korrekt beschreibt, jetzt also das Pendel einfach zurückschwingen, „sodass wir in 1.000 Jahren wieder Kathedralen bauen werden statt Bazare?" Die Frage sei, so Wieckowski, ob sich eine Art hegelianische Synthese zwischen der kapitalistischen Notwendigkeit des Eigentums und dem zunehmend dynamischen Netzwerk lebendigen Inhalts finden lasse.

In Summe vermitteln die Reaktionen auf die Gutenberg-Parenthese den Eindruck, als wollten auch die, die die Parallelen sehen und die unausweichlichen Folgen, die sich daraus ergeben, etwas Zeit gewinnen. Jeff Jarvis, der bekannte Journalist und Journalismuslehrer aus New York, sieht das dicke Ende erst noch kommen: „Diese Dänen" würden argumentieren, dass die Anpassungsprozesse, die jetzt quer durch alle gesellschaftlichen Bereiche - Normen, Gesetze, Bräuche, Strukturen und Organisationen - anstünden, ähnlich schwierig würden wie seinerzeit beim Eintritt in die Gutenberg-Galaxis. Und es sei, meint Jarvis, allgemein akzeptierter Wissensstand, dass wir diese Veränderung in blitzartigem Tempo durchmachen würden. „Was aber", fragt er, „wenn der Wandel, den wir jetzt erleben, stattdessen sehr langsam vor sich geht? Was, wenn wir erst beginnen, den Bruch zu realisieren, den das digitale Zeitalter mit sich bringt?"[10]

Jarvis zitiert den *Observer*-Kolumnisten John Naughton, der dazu aufgerufen habe sich vorzustellen, dass wir im Jahr 1472, zwei Jahrzehnte nach der Erfindung des Buchdrucks, auf einer Brücke in Mainz eine Umfrage durchführen, in der wir die Menschen fragen, ob sie denn glaubten, dass Gutenbergs Erfindung die katholische Kirche unterminieren und die Reformation befeuern; zu einer wissenschaftlichen Revolution führen; neue soziale Klassen und Berufe hervorbringen; unser Konzept von Erziehung und damit Kindheit verändern; und schließlich unseren Blick auf Gesellschaften und Nationen verändern könnten. Ziemlich sicher, so Naughton, würden wenige so gedacht haben. Die Einführung des kommerziellen Internets ist heute genauso lange her wie 1472 die Erfindung der Druckerpresse. „Der Wandel hat gerade erst begonnen", sagt Naughton: „We ain't seen nothin' yet."[11]

Wir sprechen schreibend und wir schreiben sprechend

Die Idee der „sekundären Oralität" als Wiederherstellung oraler Kommunikationsstrukturen auf der Grundlage von Schriftlichkeit hat sich schon ziemlich fest in unserer Kommunikationskultur verankert. Jeder, der sich in „sozialen Medien" wie Facebook

oder in der Welt des „Microblogging" (etwa auf Twitter) bewegt, kann das leicht nachvollziehen: Wir sprechen in diesen Netzwerken schreibend und schreiben sprechend. In einer wissenschaftlichen Arbeit über *Sekundäre Oralität im Microblogging* spricht Liliana Bounegru von der „Retribalisierung" unserer Kultur. Es handle sich zwar um geschriebene Unterhaltungen, der Ton in diesen neuen Kommunikationsräumen sei allerdings eher gesprochen als geschrieben. Es handle sich um eine „schnelle Kommunikation mit großen Gruppen von Menschen in einer Geschwindigkeit, die wir

Sprechend schreiben, schreibend sprechen: Der Microbloggingdienst Twitter simuliert Gesprächssituationen.

eher dem mündlichen Geschichtenerzählen zuordnen würden - mit dem Unterschied, dass der Erzähler und die Zuhörer nicht im selben physischen Raum anwesend sein müssen wie die Zuhörer".

Bounegru verweist auf die Hauptmerkmale der oralen Kommunikation: Sie ist subjektiv, bezieht sich auf Beobachtbares und Alltägliches, ist nah am menschlichen Leben, es geht um geteiltes Wissen, sie ist „aggregativ" in dem Sinn, dass sie Konsens durch Dialog und Debatte konstituiert, sie ist „situativ" in dem Sinn, dass sie unmittelbare Erfahrung höher bewertet als Theorie. „Sekundäre Oralität" ist im Kern die technologische Verfeinerung dieser Grundeigenschaften, was man daran erkennt, dass sie das Potenzial sowohl für subjektive als auch objektive Perspektiven hat, dass sie die Barrieren von Raum und Zeit überwinden kann, dass sie auf kollaboratives Wissen setzt, aber auch zur Archivierung in der Lage ist, dass sie Situatives und Abstrakt-Analytisches gleichermaßen erfasst. Alle diese Eigenschaften, schreibt Liliana Bounegru, könne man in der „Twitter-Welt" beobachten: „Obwohl Twitter als Simulation einer Face-to-face-Kommunikation wahrgenommen wird, fragmentiert dieses Medium den Kommunikationsprozess und behält den Fokus auf den Übermittler, der den Input seiner Follower (Tweets und Profile) als Teil seiner Identität integriert, eine Reminiszenz an den geschriebenen Diskurs, weil das Interface von Twitter ein Text-Interface ist."[12]

In dieser Welt müssen also die klassischen Printmedien „ihren Platz finden", wie Thomas Pettitt meinte. Zunächst hatte sich mit dem Aufkommen der elektronischen Medien Radio und Fernsehen eine Art komplementäre Aufgabenverteilung zwischen den neuen, postgutenbergschen Medien der sekundären Oralität (gesprochene Inhalte auf der Basis von geschriebenem Text, ergänzt um das Wiedererstehen der „Menschmedien" im bewegten Bild des Filmes) und den Printmedien angeboten. In der digitalen Welt funktioniert das nicht mehr, weil die neuen Technologien die alten Grenzen aufgelöst haben. Text, Bild, Ton und bewegtes Bild mit Ton sind mit denselben Endgeräten konsumierbar, und die Erwartung der

Ein Musterbeispiel „sekundärer Oralität": der Nachrichtensprecher, der die orale Erzähltradition auf der Grundlage geschriebenen Textes weiterführt.

Medienkonsumenten geht zunehmend dahin, von einem Medium mit allen Arten von Information versorgt zu werden. „Fernsehen" und „Zeitungen" teilen ein gemeinsames Schicksal: Sie treffen als Anbieter von limitierten Inhalten auf limitierten Transportkanälen zu limitierten Zeiten nicht mehr die Bedürfnisse ihrer Konsumenten.

Wann wirklich die letzte Tageszeitung gedruckt werden wird und ob die Tageszeitung jemals wirklich in dem Sinn ausstirbt, dass nirgendwo auf der Welt mehr ein Exemplar zu finden ist, kann niemand sagen. Gut möglich, dass sich pro Land ein, zwei gedruckte Tageszeitungen erhalten, die in ihrem Angebot so speziell, in ihrer Zielgruppe so spitz und in ihrem Kundensegment so preisunempfindlich sind, dass sie durch einen simplen „Liebhaber"-Aufschlag von 200 bis 300 Prozent auf den Einzelverkaufspreis noch lange beim bestehenden Geschäftsmodell bleiben können. Wahrscheinlich ist auch, dass die Medienhäuser, die sich inzwischen in der digitalen Welt kräftige Standbeine aufgebaut haben - wie etwa die Axel Springer AG, die sich strategisch auf die nicht publizistischen digitalen Geschäftsfelder konzentriert -, noch lange bereit sind, die Printliebhaber unter ihren Kunden mit einem täglich gedruckten Produkt zu versorgen, das sie querfinanzieren. Wenn ja: Wunderbar!

Der Blick nach vorne ist ein Blick zurück

Die langfristige Perspektive eines funktionierenden Geschäftsmodells für professionellen Journalismus wird sich allerdings aus dieser defensiven Haltung nicht entwickeln lassen. Das „Prinzip Zeitung" als ökonomisches und technologisches Gefäß für die dauerhafte Konservierung des „Prinzips Journalismus" muss aus der Mitte der neuen Möglichkeiten und Rahmenbedingungen der digitalen Welt entwickelt werden. Wenn es stimmt, dass, wie James

Dewar[13] es formulierte, der „Blick voraus" einem „Blick zurück" gleichkommt, dann muss dieser Blick zurück sich zunächst auf jene Grundhaltung richten, die zu allen Zeiten Voraussetzung für den Erfolg von publizistischen Produkten gewesen war: Sie bestand darin, möglichst rasch auf die sich ändernden Informationsbedürfnisse des Publikums zu reagieren und diese Bedürfnisse in der erwarteten Qualität und zu Kosten zu befriedigen, die durch den Verkauf der daraus entstehenden Produkte zumindest gedeckt werden können.

Die Krise, in der sich die professionelle journalistische Medienproduktion heute befindet, hat nicht zuletzt damit zu tun, dass sich unter den Journalisten ein Selbstverständnis entwickelt hat, das dazu neigt, die Konsumenten davon zu überzeugen, dass mit ihren Bedürfnissen etwas nicht stimmt. Überwinden wird sich die Krise daher nur lassen, wenn jener unternehmerische Journalismus wieder zu Ehren kommt, der von den ersten Wochenzeitungsproduzenten über Benjamin Franklin bis zu Randolph W. Hearst und Joseph Pulitzer für die entscheidende Dynamik gesorgt hat. Eines der überzeugenden Beispiele für einen solchen unternehmerischen Journalismus ist gegenwärtig der amerikanische Onlinedienst *Politico*: Von Dissidenten der *Washington Post* gegründet, verkauft das Portal heute zu sehr hohen Preisen

Unternehmerischer Journalismus: *Politico* wurde von Dissidenten der *Washington Post* gegründet.

sehr spezialisierte Newsletter an die Mitglieder der „political community" in Washington, während die Eigentümer der *Post* das alte Flaggschiff mangels Glaubens an eine Zukunft an Amazon-Gründer Jeff Bezos verkauft haben.

Statt in den eigenen Feuilletons und in ihren Stammlokalen darüber zu lamentieren, dass sie ihre „Deutungshoheit" eingebüßt haben und sich den Takt von irgendwelchen No-Name-Nerds, Bloggern und Twitterati vorgeben lassen zu müssen, sollten Journalisten lieber überlegen, was „Deutungshoheit" eigentlich noch bedeuten kann in einer Zeit, in der Medienkonsumenten, die an qualifizierter Information interessiert sind, die Dinge, für die sie sich interessieren, über soziale Netzwerke und Spezialisten-Plattformen aus erster Hand bekommen können.

Darauf antworten die beleidigten Journalisten in der Regel, dass ihre Kompetenz in der Auswahl, Gewichtung und Bewertung liege, durch die aus dem unüberblickbaren Wust an seriösen und weniger seriösen, relevanten und irrelevanten Informationen ein konsumierbares Produkt werde. Dass auch an dieser Kompetenz immer weniger Bedarf herrscht, weil sich in den sozialen Netzwerken viele kompetente Menschen herumtreiben, mit denen die Konsumenten als „Freunde" oder „Follower" verbunden sind, und deren Auswahl an „geteilten" Texten, Bildern und Filmen diese Konsumenten für mindestens so kompetent halten wie jene der professionellen Journalisten aus den traditionellen Medien, macht die Empörung und Verzweiflung komplett.

Journalismus ist Im-Gespräch-Sein

Wenn es stimmt, dass die Zukunft, die der Journalismus vor sich hat, einem Blick in den Rückspiegel gleicht, und zwar einem Blick, der sehr weit zurückreicht in die Zeit vor dem Eintritt unserer Kultur in das Gutenberg-Zeitalter, dann wird es in Zukunft in erster

Linie darum gehen, das Grundprinzip der „sekundären Oralität"
zu begreifen: Im-Gespräch-Sein. Das Zeitalter der Tageszeitung als
Plattform der Publikation autoritativer Texte ist zu Ende gegangen
- und mit ihm das Zeitalter eines Journalismus, der sein autorita-
tives Selbstverständnis daraus bezog, Teil eines Systems zu sein,
das aufgrund der hohen Kosten - Druckmaschinen, Papier, Ver-
triebsapparat - keine Konkurrenz hatte. Dieses System spuckt sie
gerade reihenweise aus.

Das Bedürfnis der Menschen, ihr kleines Ich in Beziehung zur
Welt zu setzen, ist unausrottbar - und es ist ein Bedürfnis nach Dialog. Gute Journalisten sind intelligente Gesprächspartner, die im
Idealfall selbst über ausgeprägtes Wissen in speziellen Gegenstän-
den verfügen und darüber hinaus die Fähigkeit haben, das Gespräch durch Querverweise und Hinweise auf andere interessante
Gesprächspartner in Gang zu halten. Seit ihre „Deutungshoheit"
nicht mehr durch exklusive Technologien der Verbreitung abge-
sichert ist, müssen sie ihre Deutungs- und Einordnungskompetenz
jeden Tag aufs Neue unter Beweis stellen. Das wird dem Journalismus guttun. Und es wird zu einer neuen Vielfalt an Medienproduk-
ten führen.

Erinnern wir uns: Als mit Gutenbergs Erfindung die Vervielfältigung der Information möglich wurde und das Grundmuster der
Kommunikation begann, sich von der Kommunikation aller mit
allen auf dem Marktplatz in Richtung der Kommunikation von
einzelnen mit vielen über Flugblätter, Kalender und Zeitungen zu
verändern, wurden diese Möglichkeiten zuerst fast ausschließlich
von Geschäftsleuten ohne jede journalistische Ambition im
heutigen Sinn genutzt. Nach und nach wurden die neuen Möglichkeiten von Menschen genutzt, die Neues auf den Weg bringen
wollten, bald bildeten sich mit den Zeitschriften unterschiedliche
Teilöffentlichkeiten, „communities of interest", wie die neue
Gruner-&-Jahr-Chefin Julia Jäkel sagen würde. Dann, als sie es nicht
mehr verhindern konnten, benutzten die Mächtigen das neue

Instrument, um ihre Herrschaft zu befestigen; als auch das nicht mehr funktionierte, kamen neue Spieler aufs Feld, die eine neue Art von Macht kreierten. Alle diese Entwicklungen, die wir im Lauf der Jahrhunderte gesehen haben, spielen sich heute gleichzeitig ab.

Der Blick voraus in den Spiegel zeigt also, was den Habitus der medialen Kommunikation betrifft: eine Rückkehr von der Verkündigung zum Gespräch. Inhaltlich zeigt er immer stärker eine Rückkehr von „general interest" zu „special interest".

Dass die Tageszeitungen im Zuge ihres „Goldenen Zeitalters" in der zweiten Hälfte des 19. Jahrhunderts und dann noch einmal im Zuge des Wettbewerbs mit den elektronischen Medien in der zweiten Hälfte des 20. Jahrhunderts immer mehr Themen und Inhaltsgebiete integrierten, hatte in erster Linie mit skalenökonomischen Überlegungen zu tun. Um die immer höheren Kosten der immer ausgefeilteren und aufwändigeren Druckmaschinen - erst gegen Ende des 20. Jahrhunderts wurde die durchgängige Farbigkeit von Tageszeitungsprodukten zum Normalfall - finanzieren zu können, wurden immer größere Auflagen und Reichweiten notwendig, um eine immer größere Zahl von Anzeigenkontakten an die Werbeindustrie verkaufen zu können.

Mit dem Rückzug der Werber aus den gedruckten Tagesmedien werden die Zeitungen wieder stärker von den Vertriebserlösen aus Abonnements und Einzelverkauf abhängig. Die Verkaufspreise sind während des ersten Jahrzehnts des 21. Jahrhunderts massiv gestiegen und werden weiter steigen - und mit ihnen die Ansprüche der Leser, für ihr Geld mehr zu bekommen. Für die General-Interest-Tageszeitung ist das eine schlechte Nachricht: Der Versuch, für 14- bis 100-jährige Konsumenten und ihre unterschiedlichen Interessen in Wirtschaft, Politik, lokalen Nachrichten und Kultur ein einziges, immer dünner werdendes Produkt anzubieten, wird nicht erfolgreich sein.

Dieselbe Logik wird auch bei der Entwicklung neuer digitaler Angebote mit publizistischem Anspruch greifen: Neben der

Grundbedingung einer dialogischen, die Konsumenten über soziale Netzwerke und direkte Kommunikationskanäle in die Informationsaufbereitung einbeziehenden Aufbereitung werden nur Angebote für klar definierte Zielgruppen mit ebenso klar definierten Interessen mit einer Qualität erstellt werden können, für die User bereit sind zu zahlen.

„General interest" ist nur noch für reichweitenorientierte Gratisangebote eine Option. Hier liegt die größte Herausforderung für jene Online-Angebote traditionsreicher Printmarken, die sich für eine Werbefinanzierung auf der Basis großer Reichweiten entschieden haben, die nicht zuletzt durch den massiven Ausbau der Response-Möglichkeiten in den jeweiligen „Foren" erreicht werden können. Abgesehen davon, dass Marken wie die *Die Zeit*, *Der Spiegel* oder *Der Standard* durch die tendenzielle Boulevardisierung ihrer Gratis-Online-Angebote in markentechnische Schwierigkeiten geraten werden: Nur mit Werbeerlösen wird es nicht möglich sein, die fusionierten Print-Online-Redaktionen zu finanzieren. Ohne Vertriebserlöse wird es Qualitätsjournalismus im Netz genauso wenig geben wie zu analogen Zeiten. Wie man aber zugleich die dialogische Grundstruktur des Angebots erhalten und die Nutzung des Angebots auf zahlende Kunden einschränken kann, ist vollkommen offen.

Statt einiger weniger großer medialer Verkündigungsorganisationen, die sich an möglichst große, im Zuge der Skalenökonomie monetarisierbare Öffentlichkeiten wenden, werden wir viele kleine, ihre Zielgruppen gegen Entgelt mit hochwertigen Inhalten versorgende Gesprächsangebote sehen, die möglicherweise einen ähnlichen „Eventcharakter" bekommen können wie jene Lesezirkel, die wesentlich zur Konstitution der bürgerlichen Öffentlichkeit im 18. Jahrhundert beigetragen haben. Die Summe dieser Zirkel und Communities, die sich auf der Grundlage hochwertiger Information untereinander austauschen, hat zudem mehr Potenzial, die Rolle eines öffentlichen Kontrollorgans der staatlichen

Autoritäten auszufüllen, als es die selbsternannten Ausüber der „vierten Gewalt" während der vergangenen Jahre getan haben.

Es muss einem um den Journalismus im digitalen Zeitalter nicht bang sein, das „Prinzip Zeitung" ist lebendig wie eh und je. Es bringt am laufenden Band neue Produkte in der digitalen Welt hervor. Ob es sich um das Projekt des Ebay-Gründers Pierre Omidyar handelt, der gemeinsam mit dem NSA-Aufdecker des *Guardian*, Glenn Greenwald, und dem Militärkorrespondenten von *The Nation*, Jeremy Scahill, ein neues digitales Portal für investigativen Journalismus gründet, oder um Portale wie *De Correspondent* in den Niederlanden, die sich über „crowdfunding" finanzieren: Die neuen Möglichkeiten werden genutzt, Geschäftsmodelle werden erprobt, Communities werden auf ihre ökonomische Tragfähigkeit hin überprüft.

Das Warten auf „das neue Geschäftsmodell" für Medien im digitalen Zeitalter wird vergeblich sein, denn es ist eines der Wesensmerkmale dieses Zeitalters, dass es ein einzelnes, beliebig skalierbares Geschäftsmodell nicht mehr gibt. „One size fits all" war gestern. Wir leben im Zeitalter der massenhaften Maßanfertigung. Leserinnen und Leser, die gewissermaßen als Prototyp des ewigen Lebens ein solches Geschäftsmodell als Schlusspunkt dieses Nachrufs erwartet haben, muss ich leider enttäuschen.

Es ist wohl wahr, dass die ganz großen Innovationen in der Medien- und Unterhaltungsindustrie der vergangenen Jahrzehnte nicht das Ergebnis quantitativer Marktforschung, sondern die Umsetzung visionärer Projekte von genialischen Erfindern wie Steve Jobs gewesen sind. Aber im genetischen Code ihres Erfolgs war als entscheidende Information immer die Antwort auf die Frage eingeschrieben, wie neue Produkte schon heute die morgigen Bedürfnisse ihrer Nutzer erfüllen können.

Um aus dem unausrottbaren „Prinzip Journalismus" erfolgreiche Produkte für die digitale Gegenwart und Zukunft abzuleiten, bedarf es einer Haltungsänderung bei Verlegern und Journalisten:

Es geht nicht darum, dem Publikum zu erklären, warum das, was sie bisher gemacht haben, für sie unverzichtbar ist. Es geht darum, für das Publikum unverzichtbar zu werden, weil man die Erfüllung seiner Bedürfnisse vor die Perpetuierung der eigenen Produktionsroutinen stellt.

Das ist der Grund, warum es in dieser Arbeit nicht darum ging, das erfolgsträchtige Produkt der Zukunft vorzustellen, sondern ein besseres Verständnis für die kommunikativen Bedürfnisse und Erwartungen der gegenwärtigen Medienkonsumenten zu gewinnen. Wir haben gesehen, dass die großen Entwicklungsschübe in der Biografie der Zeitung immer von Konstellationen begünstigt wurden, in denen technologische Innovationen, politisch-ökonomische Brüche und gesellschaftspolitische Verwerfungen sich wechselseitig beeinflusst und ein Großklima der Veränderung hervorgebracht haben. Erfolgreich waren in solchen Situationen immer Unternehmer, die solche Entwicklungen rechtzeitig wahrgenommen haben. Manche scheiterten, weil sie zu früh den nächsten Schritt gingen, viele scheiterten, weil sie die Veränderung nicht wahrhaben wollten oder einfach nicht genug darüber wussten.

Wir sind wieder in einer solchen Situation, sie dauert nun schon bald ein Vierteljahrhundert an. Es ist also hoch an der Zeit, genau hinzusehen, was die digitale Revolution im Verein mit den politisch-ökonomischen Brüchen unserer Zeit und den daraus resultierenden gesellschaftlichen Verwerfungen mit uns Journalisten und Verlegern und mit unseren Kunden macht. Es ist hoch an der Zeit, mit Experimenten zu beginnen und dann den richtigen Zeitpunkt für den Sprung ins Neue zu wählen. Mit dem Produkt der täglich gedruckten Zeitung werden nur jene Unternehmen mitsterben, die sich nicht mehr von der Vorstellung lösen können, dass eine fundamentale Veränderung in den Bedürfnissen von Medienkonsumenten in erster Linie das Problem der Medienkonsumenten sei.

Die Lücke, die diese Unternehmen hinterlassen, wird sie problemlos ersetzen.

Zum letzten Geleit

1 Philip Marchand: *Marshall McLuhan. Mit einem Vorwort von Neil Postman*, Stuttgart 1999. Die preisgekrönte Biografie liefert einen sehr guten Überblick über das Leben und Schaffen des großen Medientheoretikers und katholischen Exzentrikers.

2 Der Titel seines 1967 erschienen Buches lautet übrigens *The Medium ist the Massage*. McLuhan hatte den Satzfehler „massage" statt „message" witzig gefunden, da es ihm ja darum ging, die Auswirkungen der Medien darzustellen (in dem Fall also die Dauermassage durch/mit Informationen). Also entschied er, es bei dem „falschen" Titel zu belassen.

3 Jeder, der Thomas Manns Jahrhundertroman *Joseph und seine Brüder* gelesen hat, wird hier „Aha" sagen: Als Joseph dem Pharao Amenhotep IV. (Echnaton) dessen Traum von den sieben fetten und den sieben mageren Kühen als Hinweis auf gute und schlechte Erntejahre deutete, war das der Beginn der Vorratshaltung - und der präzisen Aufzeichnung der gespeicherten Getreidemengen.

4 http://www.uibk.ac.at/voeb/texte/bolz.html.

5 Wolf Lotter: *Zivilkapitalismus. Wir können auch anders*, München 2013.

6 *Medienimpulse*, Heft 64, Januar 2008.

7 In: Fritz Hausjell, Hans Heinz Fabris (Hg.): *Die vierte Macht. Zu Geschichte und Kultur des Journalismus in Österreich*, Wien 1991.

8 *Promis, Facebook, Dudelfunk*, in: *Cicero*, Dezember 2012.

9 http://www.boell.de/demokratie/netz-fuenfte-gewalt-mediale-gewaltenteilung-digitale-oeffentlichkeit-15060.html.

Erinnerungen an die Zukunft

1 Der japanische Autor und Extremsportler Haruki Murakami (*The Windupbird Chronicle, 1Q84*) lief seinen ersten Marathon von Athen nach Marathon und beschreibt das in seinem wunderbaren Buch *Wovon ich rede, wenn ich vom Laufen rede*.

2 Werner Faulstich: *Mediengeschichte von den Anfängen bis 1700*, Göttingen 2006.

3   Gemeinsam gaben die beiden ab 1926 die *Zeitungswissenschaft* heraus, eine Zweimonatszeitschrift für internationale Zeitungsforschung. Heide, ein persönlicher Freund von Gustav Stresemann, galt zwar als konservativer Nazi-Skeptiker, machte aber dennoch im Reichspropagandaministerium Karriere. Man wird seinen Namen auch in der historischen Aufarbeitung des Wiener Publizistikinstituts finden, an dessen Beschluss 1939 und Errichtung 1941 er maßgeblich beteiligt war. Verteidiger halten ihm allerdings zugute, dass er sein Amt als Präsident der zeitungswissenschaftlichen Gesellschaft auch dazu genutzt habe, den Nachwuchs vor Fanatikern zu schützen. Heides Leben und Wirken wäre ein eigenes Kapitel wert - er wurde nach der Kapitulation Nazi-Deutschlands von den Russen verhaftet und tauchte nie wieder auf -, aber hier interessiert er uns vor allem, weil er in der Zeit vor der Machtergreifung der Nationalsozialisten zu den zentralen Figuren der ersten Phase deutscher Zeitungsforschung gehörte.

4   Walther Heide: *Die älteste gedruckte Zeitung*, Mainz 1931.

5   Hans Traub: *Zeitungswesen und Zeitungslesen*, Dessau 1928.

6   Walther Heide: *Die älteste gedruckte Zeitung*, Mainz 1931.

7   Karl Böhmer: *Bibliographisches Handbuch der Zeitungswissenschaft*, Leipzig 1929.

8   Adolf Dresler: *Augsburg und die Frühgeschichte der Presse*, München 1952.

9   Die spannendste Geschichte des Geldes hat der schottische Wirtschaftshistoriker Niall Ferguson geschrieben: *The Ascent of Money. A Financial History of the World*, London 2008.

10 Johannes Weber: *„Unterthenige Supplication Johann Caroli / Buchtruckers". Der Beginn gedruckter politischer Wochenzeitungen im Jahre 1605*, in: *Archiv für Geschichte des Buchwesens*, Bd. 38/1992.

11 Frank Bösch: *Mediengeschichte*, Frankfurt/M. 2011.

12 Frank Bösch: *Mediengeschichte*, Frankfurt/M. 2011.

13 Werner Faulstich: *Mediengeschichte von den Anfängen bis 1700*, Göttingen 2006.

14 Die Darstellung der britischen und amerikanischen Entwicklung folgt über weite Strecken einer Enzyklopädie-Darstellung des New Yorker Journalismus-Professors Mitchell Stephens: http://www.nyu.edu/classes/stephens/Collier's%20page.htm.

15 Das am häufigsten gebrauchte Zitat Franklins ist vermutlich eines, das die Wenigsten ihm zuschreiben würden: „Zeit ist Geld": „And don't forget, that time is money", schreib er in *Advice to a Young Tradesman, Written by an Old One*.

16 Als Fanal für die zeitgenössischen Gefährdungen gilt die Szene in den Redaktionsräumen der britischen Zeitung *The Guardian*, in der Regierungsbeamte den Chefredakteur des Blattes, Alan Rusbridger, zwangen, Festplatten zu zerstören, auf denen sich jenes Material befand, das der ehemalige NSA-Mitarbeiter Edward Snowden in Kooperation mit dem *Guardian*-Kolumnisten Glenn Greenwald öffentlich gemacht hatte.

17 Frank Bösch: *Mediengeschichte*, Frankfurt/M. 2011.

18 Zitiert nach Eduard Schulze: *Über Entwicklung und Bedeutung der deutschen Zeitungsnamen*, in: *Zeitungswissenschaft*, 5. Jahrgang, Nr. 1, Berlin 1930.

19 Frank Bösch: *Mediengeschichte*, Frankfurt/M. 2011.

20 Sehr kompakt beschrieben in Werner Faulstichs *Mediengeschichte von 1700 bis ins 3. Jahrtausend*, Göttingen 2006.

21 Thomas Maissen: *Die Geschichte der NZZ 1780-2005*, Zürich 2005.

22 Zitiert nach Thomas Maissen: *Die Geschichte der NZZ 1780-2005*, Zürich 2005.

23 Zitiert nach Jochen Hörisch: *Eine Geschichte der Medien*, Frankfurt/M. 2004.

24 Zitiert nach Frank Bösch: *Mediengeschichte*, Frankfurt/M. 2011.

25 Die drei wichtigsten Bücher zu Gründung und Geschichte der Wiener Tageszeitung *Die Presse* sind: Julius Kainz, Andreas Unterberger (Hg.): *Ein Stück Österreich*, Wien 1998; Adam Wandruszka: *Geschichte einer Zeitung*, Wien 1958; Franz Endler: *Zwischen den Zeilen*, Wien 1985. Die instruktivsten Texte stammen von Günther Haller, dem langjährigen Leiter des Archivs der Zeitung.

26 Werner Faulstich: *Mediengeschichte von den Anfängen bis 1700*, Göttingen 2006.

27 In Österreich hingegen verzögerte sich der Boom der Massenpresse, weil die „Zeitungsstempel" erst 1899 abgeschafft wurde. Am 2. Januar 1900 erschien dann erstmals die *Kronen Zeitung*.

28 Ein besonders eindrucksvolle Zusammenschau von Kultur, Gesellschaft und Politik dieser Zeit liefert Philipp Blom: *Der taumelnde Kontinent. Europa 1900 bis 1914*, München 2011.

29 Habbo Knoch, Daniel Morat: *Kommunikation als Beobachtung. Medienwandel und Gesellschaftsbilder 1880-1960*, München 2003.

30 Die erste Nachrichtenagentur, Agence Havas, wurde 1835 in Paris von Charles-Louis Havas (1783-1858) gegründet. 1849 gründete Paul Julius Reuter (1816-1899) in Aachen sein erstes Nachrichtenbüro, zwei Jahre später wurde in London die Agentur Reuters aus der Taufe gehoben. In Berlin gründete der frühere Havas-Mitarbeiter Bernhard Wolff 1849 Wolffs Telegraphenbüro (WTB).

31 Weber sagte dann noch: „Nicht das ist erstaunlich, dass es viele menschlich entgleiste oder entwertete Journalisten gibt, sondern dass trotz allem gerade diese Schicht eine so große Zahl wertvoller und ganz echter Menschen in sich schließt, wie Außenstehende es nicht licht vermuten." Der von Weber bearbeitete Vortrag, den er auf Einladung des Freistudentischen Bundes am 19. Januar 1919 gehalten hatte, erschien im selben Jahr unter dem Titel *Politik als Beruf* bei Duncker und Humblot. Hier wird zitiert aus: Max Weber: *Schriften zur Sozialgeschichte und Politik*, Stuttgart 1997.

32 Günther Haller: *Anekdoten über August Zang*, in: Julius Kainz, Andreas Unterberger (Hg.): *Ein Stück Österreich*, Wien 1998.

33 Zu Jane Cochranes Ehrenrettung muss man sagen, dass sie ein Jahr vor Antritt ihrer Weltreise den investigativen Klassiker *Zehn Tage im Irrenhaus. Undercover in der Psychiatrie* (*Ten Days in a Mad-House*) veröffentlicht hatte.

34 David Van Reybrouck: *Kongo. Eine Geschichte*, Frankfurt/M. 2012.

35 Allerdings wird ihm auch folgender Satz zugeschrieben: „Amerika, das ist die Entwicklung von der Barbarei zur Dekadenz ohne den Umweg über die Kultur."

36 Frank Bösch: *Mediengeschichte*, Frankfurt/M. 2011.

37 Frank Bösch: *Mediengeschichte*, Frankfurt/M. 2011.

38 In den meisten einschlägigen Arbeiten wird dabei auf Jean-Jacques Rousseau verwiesen, allerdings findet sich nirgendwo ein Originalzitat. Fündig wird man eher bei dem schottischen Historiker Thomas Carlyle und dem französischen Politologen Alexis de Toqueville.

39 1959 kaufte Hans Dichand, bis dahin Chefredakteur der Zeitung *Kurier*, die Rechte am Titel *Kronen Zeitung* und ließ das Blatt als *Neue Kronen Zeitung* wiederauferstehen. Franz Olah, damals Vizepräsident des Österreichischen Gewerkschaftsbundes (ÖGB), vermittelte den deutschen Geschäftsmann

Ferdinand Karpik an Dichand, der sich mit 50 Prozent an der Zeitung beteiligen wollte. Karpik stellte Dichand den Werbefachmann Kurt Falk zur Seite. Mitte der 60er Jahre stellte der ÖGB plötzlich Besitzansprüche an die *Krone*: Der inzwischen gestürzte Franz Olah habe Bürgschaftsgelder des ÖGB zur Gründung der *Krone* verwendet und den deutschen Investor nur scheinhalber vorgeschoben. Nach jahrelangem Rechtsstreit wurde der ÖGB mit elf Millionen Schilling abgefunden, Kurt Falk übernahm die 50 Prozent von Ferdinand Karpik.

Das ewige Leben

1. Das Ganze ist immer noch nachzulesen: http://www.spiegel.de/thema/ 2020_die_zeitungsdebatte/.
2. Frank Schirrmacher: *Ego. Das Spiel des Lebens*, München 2013.
3. Dirk von Gehlen: *Mashup: Lob der Kopie*, Frankfurt/M. 2011.
4. Walter Ong: *Orality and Literacy. The Technologizing of the World*, London 1982.
5. 1995 in einem Artikel von Leah Sinanoglou Marcus, ein Jahr später erschien ihr Buch *Unediting the Renaissance: Shakespeare, Marlowe and Milton*.
6. http://www.rand.org/pubs/papers/P8014/index2.html#fn34.
7. http://opencanada.org/features/how-google-killed-gutenberg-and-explained-the-world.
8. http://opencanada.org.
9. http://www.aniawieckowski.com/2013/06/08/what-surrounds-the-gutenberg-parenthesis/#sthash.Q4Zr4Xrb.dpuf.
10. http://www.tagesspiegel.de/weltspiegel/in-english/digitalization-jeff-jarvis-recall-the-spirit-of-gutenberg/5909486.html.
11. Zitiert nach Jarvis, a. a. O. Zur weiteren Lektüre: John Naughton: *From Gutenberg to Zuckerberg: What You Really Need to Know About the Internet*, London 2012.
12. http://mastersofmedia.hum.uva.nl/2008/10/13/secondary-orality-in-micro-blogging/.
13. http://www.rand.org/pubs/papers/P8014/index2.html#fn34.

Bibliografische Information der Deutschen Nationalbibliothek
Die Deutsche Nationalbibliothek verzeichnet diese Publikation in der Deutschen Nationalbibliografie; detaillierte bibliografische Daten sind im Internet über http://dnb.d-nb.de abrufbar.

1. Auflage

Covergestaltung: Fuhrer, Wien
Grafische Gestaltung und Satz: Fuhrer, Wien
Lektorat: Andreas Deppe
Schriften: WalbaumFraktur, Publico Headline & Publico Banner
Papier: Munken Print White 115g/m²
Gedruckt in der EU

Bildquellen:
Michael Fleischhacker, Privatsammlung: S. 8; Getty Images: S. 6 (Leonard McCombe); IMAGNO / Ullstein: S. 99; Library of Congress: S. 64, 66; Neue Zürcher Zeitung: S. 58; Österreichische Nationalbibliothek: S. 42 (Handschriftensammlung), S. 55; Oxford University Press: S. 72; Axel Springer Unternehmensarchiv: S. 115 l. (Titelblatt, *Die Welt*, Nr. 1/1946); Stadtarchiv Straßburg: S. 49 l.; Stiftung Haus der Geschichte der Bundesrepublik Deutschland: S. 115 r. (Titelblatt, *Bild-Zeitung*, 24. Juni 1952); Süddeutsche Zeitung: S. 114 (Titelblatt, 6. Oktober 1945); SWR/Hugo Jehle: S. 137; support.twitter.com: S. 136; The Asahi Shimbun: S. 110 (Titelblatt); The Economist: S. 15 (Titelblatt, August 2006); Universitätsbibliothek Wien / Institut für Zeitungswissenschaften: S. 20 (*Das Nachrichtenwesen des Altertums*, B.G. Teubner Verlag, 1919); Wikimedia Commons: S. 25, 36, 46, 49 r., 51, 62, 76, 77, 80, 87, 88, 91, 94, 98, 103, 106, 107, 118, 124, 129, 132; www.cheznapoleon1er.pagesperso-orange.fr: S. 82; www.diemedien.at: S. 116 (Titelblatt der Erstausgabe der *Neuen Kronen Zeitung*, 12. April 1959); www.educationnews.org: S. 68; www.zeno.org: S. 95; iTunes App Store: S. 139

ISBN 978-3-85033-655-0

Christian Brandstätter Verlag
GmbH & Co KG
A-1080 Wien, Wickenburggasse 26
Telefon (+43-1) 512 15 43-0
Telefax (+43-1) 512 15 43-231
E-Mail: info@cbv.at
www.cbv.at

Designed in Austria, printed in the EU